Rij 368 75F

LE ZEN
EN CHAIR ET EN OS

« Espaces libres »

LE ZEN
EN CHAIR ET EN OS

« ZEN FLESH, ZEN BONES »

Textes rassemblés par Paul Reps

Traduit de l'anglais par
Claude Mallerin et Pierre-André Dujat

Albin Michel

Albin Michel
▪ *Spiritualités* ▪

*Collections dirigées
par Jean Mouttapa et Marc de Smedt*

Édition originale en langue anglaise :

ZEN FLESH, ZEN BONES
Nyogen Sensaki et Paul Reps
© 1957 by the Charles E. Tuttle, Tokyo

Traduction française :
© Éditions Arista, 1988

Édition au format de poche :
© Éditions Albin Michel, S.A., 1993
22, rue Huyghens, 75014 Paris

ISBN 2-226-06516-4
ISSN 1147-3762

AVANT-PROPOS

Ce livre comprend quatre livres :

101 Histoires Zen fut édité pour la première fois en 1939 par Rider and Company, à Londres, et par David Mckay Company, à Philadelphie. Ces histoires racontent les expériences réelles de maîtres Zen chinois et japonais durant plus de cinq siècles.

La porte sans porte fut publié pour la première fois par John Murray en 1934, à Los Angeles. C'est un recueil de poèmes appelés « Koans », dont les maîtres Zen se servaient pour guider leurs étudiants vers la délivrance. Ils ont été notés par un maître chinois en 1228.

Dix taureaux fut publié pour la première fois en 1935 par De Vorss and Company, à Los Angeles, et ensuite par Ralph R. Phillips, à Portland, dans l'Orégon. Traduit du chinois, ce célèbre commentaire du XIIe siècle sur les étapes de la connaissance qui mènent à l'illumination est illustré ici par l'un des meilleurs graveurs sur bois japonais contemporains.

L'atteinte du centre est une transcription d'anciens manuscrits sanskrits, et apparut pour la première fois dans l'édition du printemps 1955 du magazine « Gentry » à New York. Il présente un enseignement ancien qui demeure aujourd'hui vivant au Cachemire et dans certaines parties de l'Inde après plus de quatre mille ans. Cet enseignement pourrait bien être à l'origine du Zen.

Nous remercions les éditeurs nommés plus haut de nous avoir autorisés à rassembler la matière qui est recueillie ici. Et je suis par-dessus tout reconnaissant à Nyogen Senzaki, le « moine sans maison », ami-collaborateur exemplaire, qui trouva un véritable délice à traduire les trois premiers livres avec moi, délice égal à celui que trouva Lakshmanjoo, ce visionnaire du Cachemire, à transcrire le quatrième livre.

De source indienne, le Zen fut introduit en Chine au cours du VIe siècle par Bodhidharma, premier patriarche Zen. Selon sa biographie, notée par l'instructeur chinois Dogen en l'an 1004, Bodhidharma souhaita retourner chez lui après avoir passé neuf ans en Chine ; il réunit donc ses disciples pour apprécier leur vision.
Dofuku dit : « A mon avis, la vérité est au-delà de l'affirmation ou de la négation, car c'est ainsi qu'elle fait son chemin. »
Bodhidharma répondit : « Tu as ma peau. »
La nonne Sonji dit : « La vérité, je la vois comme Ananda a vu le lieu du Bouddha : vue une fois et pour toujours. »
Bodhidharma répondit : « Tu as ma chair. »

Avant-propos

Doiku dit : « Les quatre éléments que sont la lumière, le souffle, la fluidité, la solidité, sont vides (c'est-à-dire : inclusifs), et les cinq skandhas sont des non-choses*. A mon avis, la « non-chose » (c'est-à-dire : l'esprit) est la réalité. »

Bodhidharma répondit : « Tu as mes os. »

A la fin, Eka se prosterna devant le maître et demeura silencieux.

Bodhidharma dit : « Tu as ma moelle. »

Le vieux Zen était d'une telle fraîcheur qu'il est demeuré dans la mémoire comme un trésor. Voici des fragments de sa peau, de sa chair, de ses os, mais non de sa moelle — on ne l'a jamais trouvée dans des mots.

Beaucoup de gens pensent que le Zen remonte à des sources antérieures au temps de Bouddha (500 ans av. J-C). Le lecteur peut en juger par lui-même, car il trouve pour la première fois réunis en un seul livre, les expériences du Zen, les problèmes du mental, les étapes de la connaissance, et un enseignement similaire de plusieurs siècles antérieur au Zen.

Le problème de notre mental, parcours de la connaissance consciente à la connaissance préconsciente, nous fait plonger au cœur de la vie de chaque jour. Oserons-nous ouvrir nos portes à la source de notre être ? Le Zen, sa chair, ses os, sera-t-il la clé ?

Paul Reps.
(traduit par P.-A. Dujat)

---

* N.d.T. Le mot anglais « Nothing » en un seul mot signifie « Rien » ; il est ici en deux mots : « No-thing », littéralement « Non chose ».

101 HISTOIRES ZEN

Transcrit par Nyogen Senzaki et Paul Reps

Traduit de l'anglais par Claude Mallerin

Ces histoires ont été transcrites en anglais à partir d'un livre intitulé le « Shaseki Shu » (« Recueil de Pierre et de Sable ») qui fut écrit à la fin du XIIIe siècle par le maître Zen japonais Muju (« celui-qui-n'habite-pas »), et à partir d'anecdotes de moines Zen tirées de divers livres édités au Japon en cette fin de siècle actuel.

Pour les Orientaux, qui s'intéressent davantage à l'être qu'à l'avoir, l'homme qui a découvert sa vraie nature mérite le plus grand respect. Un tel homme propose d'ouvrir sa conscience, tout comme le fit le Bouddha.

Ces histoires sont celles de la découverte de soi.

Les lignes qui suivent sont adaptées de la préface à la première édition anglaise.

Le Zen pourrait être appelé «l'art et la forme intérieure de l'Orient». Il s'enracina en Chine grâce à Bodhidharma, venu d'Inde au cours du VIe siècle, et s'étendit ensuite vers l'Est, au Japon, au XIIe siècle. Le Zen a été décrit ainsi : «Un enseignement spécial sans écriture, au-delà des mots et des lettres, visant l'esprit originel de l'homme, percevant directement la nature du soi, atteignant l'illumination».

Le Zen fut connu en Chine sous le nom de «Ch'an». Les maîtres Ch'an-Zen, au lieu de suivre le Bouddha, aspirent à être ses amis et à se placer dans la même relation responsable avec l'univers, comme le firent le Bouddha et Jésus. Le Zen n'est pas une secte, c'est une expérience.

La poursuite d'une quête individuelle à travers la méditation pour réaliser sa vraie nature, sans aucun dogmatisme, en insistant sur la discipline personnelle et sur la simplicité de vivre, cette pratique du Zen finit par gagner l'appui de la noblesse et des classes dirigeantes au Japon, et par être profondément respectée par la pensée philosophique en Orient.

Les drames Noh sont des histoires Zen. L'esprit Zen est venu à signifier non seulement la paix et la compréhension, mais aussi le dévouement à l'art et au travail, le riche déploiement du contentement, l'ouverture de la vision intérieure, l'expression de la beauté innée, le charme intangible de l'imperfection. Le Zen a de nombreuses significations ; aucune d'elles n'est entièrement définie : si elles sont définies, elles ne sont pas Zen.

Il est dit que si vous avez le Zen dans votre vie, vous n'avez aucune crainte, aucun doute, aucun besoin superflu, aucune émotion extrême. Vous n'êtes pas troublé par les attitudes dénuées de générosité, ni par les actions égotistes. Vous servez humblement l'humanité, vous accomplissez votre présence en ce monde avec amour et bonté, et vous observez votre passage comme un pétale tombe d'une fleur. Serein, vous jouissez de la vie en une tranquillité bienheureuse. Tel est l'esprit du Zen dont la robe est tissée de milliers de temples en Chine et au Japon, de prêtres et de moines, d'abondance et de prestige, et souvent de l'extrême formalisme qu'il transcende lui-même.

Etudier le Zen, l'épanouissement de sa propre nature, n'est pas une tâche facile, quelles que soient l'époque et la civilisation. De nombreux maîtres, vrais et faux, ont eu l'intention d'assister les autres dans cet accomplissement. C'est à partir d'aventures innombrables et concrètes que ces histoires Zen se sont dégagées. Puisse le lecteur à son tour en vivre l'expérience aujourd'hui.

Paul Reps
(traduit par P.-A. Dujat)

1. Une tasse de thé

Nan-in, maître japonais sous le règne des Meiji (1868-1912), reçut un jour un professeur de l'université venu s'informer sur le Zen.

Comme il servait le thé, Nan-in remplit la tasse de son visiteur à ras-bord et continua à verser.

Le professeur regarda le thé déborder, jusqu'à ce qu'il s'écriât, excédé :

— Plus une goutte, ma tasse est pleine !

— Tout comme cette tasse, dit Nan-in, tu es rempli de tes propres opinions. Comment pourrais-je te montrer ce qu'est le Zen si tu ne vides d'abord ta tasse ?

2. Un diamant sur une route boueuse

En ce temps-là, Gudo était le précepteur de l'empereur. Il avait toutefois l'habitude de voyager seul comme un vagabond.

Un jour où il se trouvait en route pour Edo, centre culturel et politique des shogunates, il arriva à proximité d'un petit village du nom de Takenaka. C'était le soir ; une forte pluie tombait. Gudo était trempé et ses sandales en paille tressée étaient en pièces. En passant près d'une ferme, à l'entrée du village, il remarqua cinq paires de sandales à la fenêtre. Aussi décida-t-il de s'en acheter de nouvelles.

La femme qui les lui proposa, voyant son état, l'invita à passer la nuit chez elle. Gudo accepta et la remercia de son hospitalité. Dans la maison, il récita un sutra devant l'autel familial. Il fut ensuite présenté à la mère de son hôtesse et à ses enfants. Comme il lui semblait que le moral de toute la famille était au plus bas, Gudo s'enquit de ce qui n'allait pas.

— Mon mari est un joueur et un ivrogne, lui dit la maîtresse de maison. Lorsqu'il gagne au jeu, il boit et devient grossier. Il lui arrive même, lorsqu'il est complètement ivre, de ne pas rentrer de la nuit. Que faire ?

— Je vais l'aider, dit Gudo, voilà de l'argent. Rapporte-moi un litre de bon vin et quelques provisions. Tu pourras ensuite te retirer. Je méditerai devant l'autel.

Quand, vers minuit, le mari rentra chez lui, il hurla :

— Hé ! Femme, je suis là ! As-tu quelque chose à manger pour moi ?

— Moi, j'ai quelque chose pour toi, dit Gudo, je me suis fait surprendre par la pluie, et ta femme m'a aimablement offert l'hospitalité pour la nuit. En retour, j'ai acheté du vin et du poisson ; tu peux te servir.

L'homme était ravi. Il but aussitôt le vin et s'allongea sur le sol. Gudo s'assit à ses côtés, en position de méditation.

Au matin, en s'éveillant, le mari n'avait plus aucun souvenir de la nuit.

— Qui êtes-vous ? D'où venez-vous ? demanda-t-il à Gudo qui méditait toujours.

— Je suis Gudo, de Kyoto, et je me rends à Edo, répondit le maître Zen.

L'homme eut très honte de lui. Il se confondit en excuses auprès du précepteur de son empereur. Gudo sourit : « Toute chose dans cette vie est éphémère, expliqua-t-il, la vie est très courte. Si tu continues à jouer et à boire, tu n'auras pas le temps de réaliser quoi que ce soit d'autre, et en outre, tu feras souffrir ta famille. »

Le mari sembla sortir d'un long rêve.

— Vous avez raison, déclara-t-il, comment pourrais-je jamais vous remercier de ce merveilleux enseignement ? Laissez-moi vous accompagner et porter vos affaires un bout de chemin.

— Si tu veux, agréa Gudo.

Et ils se mirent tous deux en route. Au bout de deux kilomètres, Gudo le pria de s'en retourner.

— Encore cinq kilomètres, supplia l'autre.

Et ils continuèrent leur chemin.

— Tu peux rentrer maintenant, suggéra Gudo.

— Encore dix kilomètres, répondit l'homme.

— Va-t-en, maintenant, dit Gudo, lorsqu'ils eurent parcouru les dix kilomètres.

— Je vais te suivre jusqu'à la fin de mes jours, déclara l'homme.

Ceux qui enseignent le Zen moderne descendent tous d'un maître renommé qui fut le successeur de Gudo. Il s'appelle Mu-Nan, l'homme qui ne s'en retourna jamais.

3. Ah, oui ?

Le maître Zen Hakuin était réputé dans tout le voisinage pour sa vie exemplaire.

Non loin de chez lui vivait une belle jeune fille japonaise. Ses parents, qui tenaient une épicerie, découvrirent un jour avec fureur qu'elle était enceinte.

Elle ne voulait pas avouer qui en était le père mais, pressée de questions, finit par dénoncer Hakuin.

En proie à une grande colère, les parents s'en allèrent voir le maître. Ses seules paroles furent : « Ah, oui ? »

A sa naissance, on porta l'enfant à Hakuin. Il avait alors perdu sa réputation, ce qui, d'ailleurs, ne le dérangeait guère.

Il prit grand soin du nouveau-né et se procura chez les voisins du lait et tout ce dont le nourrisson avait besoin.

Un an plus tard, la fille-mère ne put supporter plus longtemps une telle situation. Elle avoua à ses parents que le vrai père était un jeune poissonnier du marché.

Le père et la mère se rendirent aussitôt chez Hakuin pour obtenir son pardon et reprendre l'enfant.

Hakuin ne s'y opposa pas et, en leur remettant l'enfant, leur dit simplement : « Ah, oui ? »

4. Obéissance

Parmi la foule qui assistait aux sermons du maître Bankei, on pouvait voir, outre les adeptes du Zen, des personnes de tout rang et de toute secte.

Bankei ne récitait pas de sutra et évitait les longues dissertations scholastiques. Bien au contraire, ses paroles, par leur spontanéité, allaient droit au cœur des auditeurs.

Un prêtre de la secte Nichiren, délaissé par ses élèves et jaloux de la popularité du maître, se rendit au temple, fermement décidé à débattre avec Bankei.

— Holà! Maître Zen! s'écria-t-il, un instant! Ceux qui te respectent t'obéissent. Mais un homme tel que moi, qui ne te respecte pas, peux-tu le faire obéir?
— Viens à mes côtés et je te montrerai, répondit Bankei.
Fendant fièrement la foule, le prêtre se dirigea vers le maître.
Bankei sourit:
— Viens à ma gauche.
Le prêtre obéit.
— Non, dit Bankei, nous serons plus à l'aise si tu te places à ma droite, viens par ici.
Le prêtre, la tête haute, s'avança vers la droite.
— Tu vois, fit remarquer Bankei, tu m'obéis. Et je crois même que tu es quelqu'un de très docile. Maintenant assieds-toi, et écoute.

5. Aime ouvertement

Vingt moines et une nonne pratiquaient la méditation avec un certain maître Zen.

La nonne, qui s'appelait Eshun, était très jolie malgré sa tête rasée et sa robe ordinaire. De nombreux moines en étaient secrètement amoureux. L'un d'entre eux lui écrivit une lettre d'amour, lui proposant un rendez-vous.

Eshun ne répondit pas.

Le jour suivant, le maître faisait une conférence à ses élèves. A la fin, Eshun se leva et, s'adressant à l'auteur de la lettre, déclara: «Si tu m'aimes autant que tu le dis, viens et prends-moi dans tes bras.»

6. Charité sans amour

Il y avait une fois, en Chine, une vieille femme qui prit soin d'un moine pendant vingt ans. Elle avait construit une petite cabane et le nourrissait, tandis qu'il méditait.

Un jour, s'interrogeant sur les progrès que celui-ci avait accomplis au bout de toutes ces années, elle fit venir une jeune fille des plus lascives, espérant, avec sa complicité, être éclairée sur l'état d'esprit du vieux moine.

— Va le voir et séduis-le, dit-elle à la jeune fille ; lorsqu'il sera dans tes bras, demande-lui abruptement ce qu'il compte faire.

La jeune fille se rendit chez le moine et, se mettant sans plus de manières à le caresser, lui demanda ce qu'il allait faire.

— Les vieux arbres, l'hiver, poussent sur des terres dures et froides, répondit, avec une certaine poésie, le moine, il n'est de chaleur nulle part.

Lorsque la jeune fille rapporta ces paroles à la vieille femme, celle-ci se mit en colère. « Dire que j'ai nourri cet individu pendant vingt ans ! s'exclama-t-elle, et il a ignoré tes besoins et même refusé de t'expliquer les raisons de ton état ! Sans répondre à ton désir, il pouvait au moins te montrer de la compassion ! ».

La vieille femme se rendit à la cabane du moine et y mit le feu.

7. Faire-part

Au dernier jour de sa vie, Tanzan écrivit soixante cartes postales. Il demanda à un serviteur de les expédier et s'éteignit.

Sur les cartes, on pouvait lire :

> *Je quitte ce monde.*
> *Ceci est ma dernière déclaration.*
>
> Tanzan.
> Le 27 juillet 1892.

8. Grandes vagues

A l'aube de la dynastie des Meiji vivait un célèbre lutteur du nom d'O-nami, dit Grandes Vagues.

O-nami était d'une force colossale et connaissait tout de l'art de la lutte. Il était capable, lors de combats privés, de battre même son maître ; mais en public, il était si peu sûr de lui qu'il se laissait terrasser par ses propres élèves.

O-nami songea à aller demander l'aide d'un maître Zen.

Un moine errant du nom de Hakuin séjournait dans un temple voisin. O-nami s'en alla le voir pour lui confier son problème.

Ton nom est Grandes Vagues, dit le maître, reste au temple cette nuit et imagine que tu es une vague. Tu n'es plus le lutteur qui a peur, mais ces lames énormes qui balaient tout sur leur passage.

Le maître se retira. O-nami s'assit en position de méditation en essayant de s'identifier aux vagues.

Il pensa à plusieurs choses puis, peu à peu, se laissa envahir par le sentiment d'être des vagues. Comme la nuit avançait, les vagues se firent de plus en plus grosses. Elles emportèrent les fleurs hors de leur vase et inondèrent le Bouddha dans l'autel.

A l'aube, le temple n'était plus qu'un flot perpétuel, une mer immense.

Au matin, le maître trouva O-nami qui méditait encore, le visage éclairé d'un léger sourire. Il le frappa amicalement sur l'épaule :

— Plus rien maintenant ne peut te résister, dit-il, comme ces vagues, tu balaieras tout devant toi.

Le jour même O-nami participa à un tournoi dont il fut le vainqueur. Dès lors, il fut invincible dans tout le Japon.

9. On ne peut voler la lune

Le maître Zen Ryokan vivait le plus simplement, dans une petite cabane au pied de la montagne. Un soir, un voleur pénétra chez lui et découvrit qu'il n'y avait rien à voler. Sur ces entrefaites, Ryokan revint et le surprit.

— Tu as peut-être fait un long chemin pour me rendre visite, dit Ryokan au rôdeur, ne pars pas les mains vides. Je t'en prie, accepte mes vêtements en cadeau.

Le voleur, abasourdi, s'empara des vêtements et disparut.

Ryokan s'assit, nu, regardant la lune. Le pauvre homme, songea-t-il, j'aurais aimé lui donner cette lune magnifique !

10. Le dernier poème d'Hoshin

Après avoir vécu plusieurs années en Chine, le maître Zen Hoshin s'en retourna au Japon pour y enseigner. Lorsqu'il se sentit vieillir, il raconta à ses disciples cette histoire qu'il avait entendue en Chine.

Un 25 décembre, Tokufu, qui était très vieux, dit à ses disciples : « Traitez-moi bien, chers compagnons, car je ne verrai pas la nouvelle année. »

Ses élèves pensèrent qu'il plaisantait, mais comme ils le chérissaient tous, chacun, à tour de rôle, l'invita à une fête.

Le soir du jour de l'an, Tokufu déclara : « Demain après-midi, lorsque la neige aura cessé, je vous quitterai. »

Cela fit rire les disciples qui pensèrent qu'avec l'âge, le maître se mettait à déraisonner ; la nuit, en effet, était claire et il ne neigeait pas. Mais à minuit, la neige se mit à tomber, et le lendemain, ne pouvant trouver le maître, ils se rendirent dans la salle de méditation. Le maître était là, mort.

Hoshin, à la fin de l'histoire, dit à ses disciples : « Rien n'oblige un maître Zen à prédire sa mort, mais il peut le faire s'il le désire. »

— Est-ce votre cas ? demanda quelqu'un.

— Oui, répondit Hoshin, je vous le montrerai dans une semaine.

Aucun des disciples ne le crut. Ils avaient déjà presque oublié cette conversation, lorsque le maître les appela.

— Il y a sept jours, dit-il, je vous ai annoncé que j'allais vous quitter. Comme c'est la tradition, en cette occasion, d'écrire un poème, je demanderai à l'un d'entre vous de bien vouloir inscrire mes derniers mots.

Les disciples crurent qu'il plaisantait, mais l'un d'entre eux prit la plume. Hoshin se mit à dicter :

> *Je viens de la lumière*
> *Et retourne à la lumière*
> *Qu'est-ce que c'est ?*

Il manquait un vers au poème. Le disciple le fit remarquer au maître.

Alors, Hoshin, en rugissant comme un lion triomphant, s'écria « Kaa ! » et s'éteignit.

11. L'histoire de Shunkai

Toute jeune, la belle Shunkai, qu'on appelait aussi Suzu, s'était mariée contre son gré. Après son mariage, elle entra à l'université pour étudier la philosophie.

On ne pouvait voir Shunkai sans tomber amoureux d'elle. La jeune fille elle-même était d'ailleurs souvent amoureuse. Son séjour à l'université fut riche en aventures.

Lorsque, déçue par la philosophie, elle s'intéressa au Zen et visita un temple, tous les adeptes s'éprirent d'elle. La vie entière de la jeune fille se déroulait sous le signe de l'amour.

C'est à Kyoto qu'elle commença sa véritable initiation au Zen. Au petit temple de Kennin où elle entra, ses confrères louèrent sa sincérité. L'un d'entre eux, qui s'avéra une bonne âme, lui prêta assistance dans son apprentissage.

Le maître de Kennin, Mokurai, dit Tonnerre Silencieux, était d'une grande sévérité. Respectant les préceptes, il attendait de ses élèves la même attitude. Mais, dans le Japon moderne, les moines bouddhistes semblaient se soucier plus du beau sexe que de spiritualité. Mokurai chassait les femmes qu'il trouvait dans son temple ; mais plus il en faisait fuir, plus il semblait en revenir.

Dans ce temple, l'épouse du grand prêtre conçut de la jalousie à l'égard de Skunkai. Irritée par les éloges que l'on faisait de la jeune fille, de sa beauté et de son sérieux dans l'étude du Zen, elle fit courir une rumeur au sujet de Shunkai et de son jeune ami prêtre. Il en résulta que le jeune homme et Shunkai furent chassés du temple.

« J'ai peut-être été victime de l'amour, pensa la jeune fille, mais la femme du grand prêtre ne s'en tirera pas comme ça. »

Pendant la nuit, munie d'un bidon de kérosène elle se rendit au temple et y mit le feu. Le temple, vieux de cinq cents ans, fut complètement détruit.

Au matin, la jeune fille se faisait arrêter par la police.

Un jeune avocat, intéressé par son cas, tenta d'alléger sa peine. « Ne m'aide pas, lui dit-elle, car je peux recommencer. »

Shunkai purgea une peine de sept ans d'emprisonnement au cours de laquelle son vieux geôlier de soixante-trois ans tomba amoureux d'elle. Lorsqu'elle sortit de prison, on la considéra comme un repris de justice et, dès lors, on l'évita. Même les adeptes du Zen, soi-disant éclairés, ne voulurent plus entendre parler d'elle. Elle tomba malade et connut la misère.

Elle fit la connaissance d'un prêtre Shinshu qui lui parla du Bouddha d'Amour; c'est dans cet enseignement qu'elle trouva la consolation et la paix.

Lorsqu'elle mourut, à trente ans à peine, elle était encore très belle.

Une femme écrivain divulgua au peuple japonais l'histoire de Shunkai qui, après avoir tenté en vain d'écrire son autobiographie par besoin d'argent, avait fait des confidences à la romancière.

Ceux qui avaient rejeté Shunkai, qui l'avaient calomniée et haïe, lurent son histoire avec des larmes de remords.

12. Le Chinois heureux

En se promenant dans les quartiers chinois d'Amérique, on peut voir un fort gaillard qui porte un sac en toile. Les marchands chinois l'appellent « le Chinois heureux » ou « le Bouddha rieur ». Cet homme, du nom de Hotei, vivait sous la dynastie des T'ang.

Loin de vouloir passer pour un maître Zen et chercher à faire des disciples, Hotei déambulait dans les rues avec un grand sac rempli de bonbons, de fruits et de beignets qu'il distribuait aux enfants autour de lui. Il créa ainsi un jardin d'enfants des rues.

Quand il rencontrait un adepte du Zen, il tendait la main en disant : « Donne-moi un sou. » Et si on lui disait de retourner au temple enseigner à ses frères, il répétait : « Donne-moi un sou. »

Un jour qu'il vaquait à sa tâche, un autre maître Zen passa et lui demanda quelle était la signification du Zen.

En guise de réponse, Hotei laissa tomber son sac à terre, sans mot dire.

— Peux-tu maintenant me dire quelle est la pratique du Zen? demanda l'autre.

Le Chinois heureux balança alors le sac sur ses épaules et continua son chemin.

13. Un Bouddha

Sous le règne des Meiji vivaient à Tokyo deux grands maîtres Zen de tendances opposées. Le premier, qui s'appelait Unsho, instructeur à Shingon, suivait à la lettre les principes du Bouddha. Il ne buvait pas d'alcool et ne mangeait jamais après onze heures du matin. L'autre, du nom de Tanzan, professeur de philosophie à l'université impériale, n'observait jamais les préceptes. Il mangeait quand il en avait envie et dormait pendant la journée lorsqu'il avait sommeil.

Un jour Unsho rendit visite à Tanzan et trouva celui-ci en train de boire du vin, ce qui va à l'encontre du bouddhisme.

— Bonjour, mon frère, dit Tanzan, tu prendras bien un verre?

— Je ne bois pas, répondit Unsho avec solennité.

— Celui qui ne boit pas n'est pas vraiment un être humain, dit Tanzan.

— Veux-tu dire que je ne suis pas un être humain parce que je ne me permets pas les boissons enivrantes? s'exclama Unsho en colère. Si je ne suis pas un homme, qui suis-je donc?

— Un Bouddha, répondit Tanzan.

14. Sur une route boueuse

Tanzan et Eikeido voyageaient ensemble. Ils se trouvaient sur une route boueuse et il pleuvait des cordes.

Soudain, à un tournant, apparut une belle jeune fille vêtue d'un kimono et d'une ceinture de soie, qui n'arrivait pas à traverser.

— Attendez, je vais vous aider, dit Tanzan à celle-ci. Et, soulevant la jeune fille, il la porta au-dessus de la boue.

Eikeido ne dit plus un mot jusqu'au soir. Mais lorsqu'ils s'arrêtèrent pour la nuit dans un temple, il éclata :

— Nous, les moines, nous n'approchons pas les femmes, et surtout celles qui sont jeunes et belles. C'est dangereux. Pourquoi as-tu fait cela ?

— J'ai laissé la jeune fille là-bas, répondit Tanzan, mais toi, serais-tu encore en train de la porter ?

15. Shoun et sa mère

Shoun était un maître de Zen Soto. Lorsqu'il était encore étudiant, son père mourut, lui laissant la charge de sa vieille mère.

Shoun emmenait sa mère partout avec lui ; aussi, lorsqu'il visitait les monastères, ne pouvait-il pas vivre avec les moines. Il construisit donc une petite maison où il pouvait prendre bien soin d'elle. Avec les quelques sous qu'il gagnait à copier des sutras et des vers bouddhiques, il se procurait de la nourriture.

Quand Shoun achetait du poisson pour sa mère, les gens se moquaient de lui ; un moine, en effet, ne mange pas de poisson. Ces railleries laissaient Shoun indifférent, mais la mère souffrait qu'on rie de son fils. Un jour, elle lui dit : « Je crois que je vais me faire nonne et devenir végétarienne aussi. »

Ce qu'elle fit, et ils étudièrent ensemble.

Shoun aimait beaucoup la musique. Il était virtuose de la harpe, que sa mère pratiquait aussi. Pendant les nuits de pleine lune, ils jouaient ensemble.

Un soir, en passant près de leur maison, une jeune femme entendit la musique. Profondément émue, elle invita Shoun à venir jouer chez elle le lendemain soir. Celui-ci accepta l'invitation. Quelques jours plus tard, rencontrant la jeune femme dans la rue, il la remercia de son hospitalité. On se moqua encore de lui ; il était entré dans la maison d'une fille des rues.

Un jour, Shoun dut partir faire une conférence dans un temple lointain. Lorsqu'il rentra chez lui, quelques mois plus tard, il trouva sa mère morte. Comme ses amis n'avaient su où le joindre, les funérailles étaient déjà en cours.

Shoun s'avança et, de son bâton, frappa le cercueil.

— Mère, ton fils est de retour, dit-il.

— Je suis contente de te savoir de retour, répondit-il pour sa mère.

— Moi aussi, dit Shoun.

Puis il déclara aux gens autour de lui : « La cérémonie funèbre est terminée. Vous pouvez brûler le corps. »

Lorsque Shoun sentit sa fin approcher, il appela ses disciples pour leur annoncer qu'il mourrait à midi. Il fit brûler de l'encens devant le portrait de sa mère et celui de son vieux maître, et écrivit ce poème :

> *Pendant cinquante-six ans j'ai vécu du mieux que j'ai pu,*
> *Parcourant ma route en ce monde.*
> *Aujourd'hui la pluie a cessé, les nuages ont disparu,*
> *Et, dans le ciel bleu, brille une pleine lune.*

Ses disciples s'assemblèrent autour de lui, récitant les sutras, et Shoun mourut durant l'invocation.

16. Non loin de la bouddhéité

Un étudiant, venu voir Gazan, lui demanda :
— As-tu déjà lu la Bible des chrétiens ?
— Non, fais m'en la lecture, dit Gazan.
L'étudiant ouvrit la Bible et lut ce passage de l'Evangile selon saint Matthieu :

Pourquoi te vêtir de la pensée ? Vois comment les lys des champs poussent, sans effort aucun. Même Salomon, dans toute sa gloire, s'en trouve éclipsé... Ne pense donc pas au lendemain, car le lendemain se suffit à lui-même.

Gazan dit : « Ces paroles sont celles d'un homme éclairé. »
L'étudiant continua à lire :

Demande et l'on te donnera, cherche et tu trouveras, frappe et l'on t'ouvrira. Car celui qui demande, reçoit, celui qui cherche, trouve, et à celui qui frappe, la porte lui est ouverte.

Gazan commenta : « C'est excellent. Celui qui a dit cela n'est pas loin de la bouddhéité. »

17. Un enseignement peu clair

Un jeune médecin du nom de Kusuda, en exercice à Tokyo, rencontrant un ami de collège qui avait étudié le Zen, lui demanda ce que c'était.
— Je ne peux te dire ce que c'est, répondit l'autre. Mais une chose est sûre : si tu comprends le Zen, tu n'auras plus peur de mourir.
— Parfait, répliqua Kusuda, je vais essayer. Où puis-je trouver un professeur ?
— Va voir le maître Nan-in, lui dit son ami.
C'est ainsi que Kusuda se rendit chez Nan-in. Déterminé à savoir si le maître avait peur ou non de la mort, il emporta avec lui un poignard long de neuf pouces et demi.
Lorsque Nan-in vit Kusuda, il s'exclama :
— Bonjour l'ami ! Comment vas-tu ? Voilà bien longtemps que nous ne nous sommes vus !
Cela rendit perplexe Kusuda qui répondit :
— Mais nous ne nous sommes jamais rencontrés auparavant !
— C'est vrai, répondit Nan-in, je t'ai confondu avec un autre médecin qui étudie ici.
Après de tels préambules, Kusada avait perdu l'occasion de mettre le maître à l'épreuve, et c'est à contrecœur qu'il demanda s'il pouvait être initié au Zen.

— Le Zen, dit Nan-in, n'est pas quelque chose de très difficile. Puisque tu es médecin, traite tes patients avec bonté. C'est ça, le Zen.

Kusada retourna voir Nan-in trois fois. Chaque fois, Nan-in répéta la même chose: « Un médecin ne doit pas perdre son temps ici. Rentre chez toi et occupe-toi de tes malades. »

Kusada ne comprenait pas encore très bien comment un tel enseignement pouvait dissiper la peur de la mort. Aussi, à la quatrième visite il se plaignit:

— Mon ami m'a dit qu'un adepte du Zen n'a plus peur de mourir. Chaque fois que je viens ici, tout ce que tu me dis, c'est d'aller m'occuper de mes patients. Je n'en sais pas plus. Si c'est ce que tu appelles le Zen, je vais cesser de te rendre visite.

Nan-in sourit, et, frappant amicalement le docteur sur l'épaule, lui dit:

— J'ai été trop strict avec toi. Je vais te donner un koan.

Et il proposa à Kusada de résoudre le « Mu » de Joshu, le premier des koans du livre *La Porte Sans Porte*.

Kusada médita sur le problème de Mu (Rien) et, au bout de deux ans, crut avoir trouvé. « Ce n'est pas encore ça », lui dit son maître.

Pendant un an et demi encore, Kusada persista. La sérénité le gagna. Les problèmes disparurent et Rien devint la vérité. Il soigna consciencieusement ses malades et, même sans s'en rendre compte, cessa de se poser des questions concernant la vie et la mort. Lorsqu'il retourna voir Nan-in, celui-ci, s'abstenant de toute remarque, sourit.

18. Parabole

Bouddha, dans un sutra, dit cette parabole :

Un homme, un jour, traversant un champ, se trouve face à face avec un tigre. Il s'enfuit, poursuivi par le tigre. Arrivé au bord d'un précipice, l'homme saute et s'accroche à une vigne sauvage, restant suspendu dans le vide. Le tigre renifle au-dessus de lui. Tout tremblant, l'homme regarde sous lui et voit qu'un autre le guette tout en bas.

Deux souris surgissent, l'une blanche, l'autre noire, et se mettent à ronger la vigne. Alors que celle-ci menace de rompre, l'homme voit, non loin de lui, une superbe fraise. Il lâche la vigne d'une main pour pouvoir cueillir la fraise, et la mange.

Quelle saveur ! Quel délice !

19. Le premier principe

Quand on se rend au temple d'Obaku à Kyoto, on peut lire au-dessus de la porte les mots suivants : « Le premier principe ». Les lettres sont imposantes, et les amateurs de calligraphie les considèrent comme un chef-d'œuvre. Elles furent dessinées, il y a deux cents ans, par Kosen. Le maître en fit le dessin sur papier, que des ouvriers agrandirent et gravèrent sur bois.

Durant la réalisation de ce travail, un élève effronté se tenait aux côtés de Kosen ; il avait préparé dix litres d'encre pour la calligraphie et ne manquait pas de critiquer l'ouvrage de son maître.

— Ce n'est pas bon, lui dit-il, après la première tentative.

— Et maintenant ?

— Médiocre. C'est même pis qu'avant, déclara l'élève.

Avec patience, le maître s'acharna. Feuille après feuille, quatre-vingt-quatre « premiers principes » s'étaient accumulés et l'élève était toujours aussi sévère.

Puis le jeune homme sortit quelques instants et Kosen pensa : « C'est le moment ou jamais d'échapper à son œil critique. »

Alors, soulagé, il écrivit, en toute hâte : « Le premier principe. »

— Un chef-d'œuvre, décréta l'élève.

20. Les conseils d'une mère

Sous la dynastie des Tokugawa, vivait un érudit en sanskrit fort célèbre du nom de Jiun. C'était un maître Shingon qui avait fait dans sa jeunesse de nombreuses conférences. Sa mère, ayant un écho de sa renommée, lui écrivit une lettre, qui disait :

Mon fils, je doute que tu deviennes un jour un fidèle du Bouddha, car ton seul désir est d'être un dictionnaire ambulant. Il n'y a pas de fin au savoir ; il n'y a pas de limite à la gloire. Je souhaite que tu arrêtes de faire ces conférences. Retire-toi dans un petit temple, loin, dans la montagne, et consacre ton temps à la méditation. C'est de cette manière seulement que tu t'accompliras véritablement.

21. Le son d'une seule main

Le maître du temple de Kennin, Mokurai, dit Tonnerre Silencieux, avait un petit protégé de douze ans. Il s'appelait Toyo.

Matins et soirs Toyo voyait les plus vieux disciples entrer dans la chambre du maître pour y recevoir son enseignement en zazen. Il leur donnait, par un enseignement individuel, des koans qui empêchent la dispersion de l'esprit. L'enfant voulut en faire autant.

— Pas encore, tu es trop jeune, dit Mokurai. Mais l'enfant insista et le maître finit par y consentir.

Ce soir-là, le petit Toyo pénétra à l'heure convenue dans la chambre de Mokurai. Il frappa sur le gong pour signaler sa présence, s'inclina trois fois sur le seuil avec une profonde déférence et, dans un silence respectueux, alla s'asseoir devant le maître.

— Tu connais le son que cela fait lorsque tu frappes dans tes mains, dit Mokurai, maintenant, cherche le son d'une seule main.

Toyo salua et retourna dans sa chambre pour réfléchir à ce problème. Par la fenêtre ouverte, il entendait la musique des Geishas. « Ah ! J'ai trouvé ! », s'exclama-t-il. Le lendemain soir, lorsque le maître lui demanda d'illustrer le son d'une main, il se mit à jouer la musique des Geishas. « Non, non », dit Mokurai, ça ne va pas. Ce n'est pas le son d'une main. Tu n'y es pas du tout. »

Pour ne pas être dérangé par la musique des Geishas, Toyo déménagea dans un endroit plus tranquille. Et il se remit à méditer. « Quel peut bien être le son d'une main ? », se demandait-il, lorsqu'il entendit de l'eau couler goutte à goutte. « Ça y est », pensa Toyo. Lorsqu'il reparut devant le maître, Toyo imita le bruit de l'eau qui coule goutte à goutte. « Qu'est-ce que c'est que ça ? demanda Mokurai. C'est le bruit de l'eau qui coule goutte à goutte. Tu n'as pas encore trouvé. »

En vain, Toyo médita. Il entendit le murmure du vent. Ce n'était pas ça. Il entendit le hululement de la chouette. Ça n'allait pas non plus. Et le chant des sauterelles n'était pas encore la bonne réponse. Plus de dix fois Toyo vint voir Mokurai en lui proposant divers sons, inutilement. Pendant presque un an, il chercha.

Un jour, le petit Toyo finit par méditer vraiment et il transcenda tous les sons.

— J'avais épuisé toutes les possibilités, dit-il plus tard à son maître, voilà comment j'ai atteint le son qui n'a pas de son.

Toyo avait résolu le problème du son d'une seule main.

22. Mon cœur brûle comme du feu

C'est Soyen Shaku, le premier maître Zen à s'être rendu en Amérique, qui prononça ces mots : « Mon cœur brûle comme du feu, mais mes yeux sont froids comme de la cendre. »

Il avait établi cet ensemble de règles qu'il respecta chaque jour de sa vie :

Le matin, avant de t'habiller, brûle de l'encens et médite.

Couche-toi et prends tes repas à des heures régulières.

Mange modérément et jamais à satiété.

Quand tu reçois un hôte, agis comme lorsque tu es seul.

Lorsque tu es seul sois le même qu'avec tes hôtes.

Fais attention à ce que tu dis, et quoi que tu dises mets-le en pratique.

Quand une occasion se présente, ne la laisse pas passer, mais pense deux fois avant d'agir.

Ne regrette pas le passé. Regarde vers l'avenir.

Sois brave comme un héros avec le cœur aimant d'un enfant.

Lorsque tu vas te coucher, dors comme si c'était ton dernier sommeil.

Lorsque tu te réveilles, laisse ton lit derrière toi, comme si tu jetais une vieille paire de chaussures.

23. La mort d'Eshun

Lorsqu'à soixante ans passés, la nonne Zen Eshun fut sur le point de quitter ce monde, elle demanda à quelques moines d'empiler du bois dans la cour.

Bien assise au centre du bûcher funéraire, elle demanda qu'on y mît le feu.

— Oh, nonne, fait-il chaud là-dedans?, demanda un des moines.

— Il n'y a qu'un idiot comme toi pour poser une telle question, répondit la nonne.

Les flammes montèrent et elle mourut.

24. En récitant des sutras

Un fermier pria un jour un prêtre Tendai de réciter des sutras pour sa femme décédée. Lorsque le prêtre eut fini, le fermier demanda :
— Penses-tu que ma femme en acquière des mérites ?
— Non seulement ta femme, mais tout être vivant bénéficiera de la récitation de ces sutras, répondit le prêtre.
— Si tu dis que tout être vivant en bénéficiera, qu'arrivera-t-il si ma femme est très faible ? Il est possible que d'autres s'approprient le bénéfice qui aurait dû être le sien.
Le prêtre expliqua alors à l'homme qu'un bouddhiste désirait offrir des bénédictions et souhaiter des mérites à tout individu.
— C'est un bel enseignement, conclut le fermier, mais, s'il te plaît, fais une exception : j'ai un voisin qui est grossier et méchant avec moi. Exclue-le, lui seulement, de tous ces êtres vivants.

25. Trois jours encore

Suiwo, le disciple d'Hakuin, était un excellent professeur.
Lors d'une retraite d'été, un élève arriva d'une île du sud du Japon pour le voir. Suiwo lui donna à résoudre le problème du « son d'une seule main ». L'élève resta là trois ans, sans pouvoir réussir cette épreuve.
Une nuit, il vint voir Suiwo, tout en larmes.

— Je dois retourner chez moi couvert de honte, lui dit-il, car je ne peux résoudre ce problème.
— Attends encore une semaine et médite sans t'arrêter, lui conseilla Suiwo.
Ce délai expiré, l'élève n'en fut pas plus éclairé.
«Essaie une semaine encore», dit Suiwo. L'élève obéit, mais ce fut en vain. «Encore une autre semaine.» Cela ne servit à rien non plus.
Désespéré, l'étudiant supplia le maître de le laisser partir, mais Suiwo lui demanda avec insistance de rester cinq jours de plus. Cela ne donna aucun résultat.
Alors le maître dit: «Médite encore pendant trois jours, et si tu échoues cette fois, tu n'as plus qu'à te tuer.»
Au second jour, l'élève connut l'illumination.

26. Dialogue pour négocier le logement

A condition d'engager une discussion sur le Bouddhisme et d'en sortir vainqueur, tout moine errant peut séjourner dans un temple Zen. S'il perd, il doit repartir.
Dans un temple, au nord du Japon, vivaient deux moines qui étaient frères. L'aîné était érudit, mais le cadet était stupide et borgne.
Un moine errant vint au temple et, demandant à se loger, ouvrit, comme c'est la coutume, un débat sur l'enseignement suprême. Le frère aîné, fatigué ce jour-là d'avoir beaucoup étudié, demanda au plus jeune de le remplacer dans cette joute oratoire.
— Va et demande à ce que le dialogue ait lieu dans le silence, lui recommanda-t-il.

Le jeune moine et l'étranger allèrent s'asseoir devant l'autel. Un peu plus tard, l'étranger se leva et se rendit chez le frère aîné pour lui dire : « Ton jeune frère est un garçon merveilleux. Il m'a battu. »

— Raconte-moi le dialogue, dit l'aîné.

— Eh bien, expliqua le voyageur, j'ai d'abord levé un doigt pour représenter Bouddha, celui qui a la lumière. Il a alors levé deux doigts, signifiant par là Bouddha et son enseignement. J'ai levé trois doigts représentant le Bouddha, son enseignement et ses disciples, qui menaient une vie harmonieuse. Il m'a alors envoyé son poing dans la figure pour indiquer que les trois étaient une seule réalisation. Voilà comment il a gagné, et maintenant je n'ai plus le droit de rester ici.

Sur ces mots le voyageur s'en alla.

— Où est ce type ? demanda le cadet en se précipitant sur son frère.

— J'ai cru comprendre que tu avais remporté le débat, dit celui-ci.

— Je n'ai rien gagné du tout. Je vais le rosser, répondit le cadet.

— Dis-moi quel était le sujet du débat, demanda l'aîné.

— Eh bien, il a levé un doigt, insinuant que je n'avais qu'un œil, ce qui était m'insulter. Mais comme c'est un étranger, j'ai tenu à être poli avec lui et j'ai levé deux doigts pour le féliciter d'avoir deux yeux. Alors le misérable effronté a levé trois doigts pour suggérer qu'à nous deux nous n'avions que trois yeux. Cela m'a rendu fou furieux. J'ai commencé à le battre, et il est parti en courant. Voilà comment ça s'est terminé !

27. La voix du bonheur

Après la mort de Bankei, un aveugle qui vivait près du temple du maître dit à un ami : « Je suis aveugle, aussi, ne pouvant voir le visage des gens, il me faut juger de leur caractère au son de leur voix. D'habitude, quand j'entends une personne en féliciter une autre de son bonheur ou de son succès, je perçois aussi une note secrète d'envie. Quand quelqu'un exprime ses condoléances à l'occasion du malheur d'autrui, je perçois une certaine satisfaction, comme si celui qui compatissait était en fait content d'avoir un meilleur sort.

Toutefois, je n'ai jamais entendu de voix ausi sincère que celle de Bankei. Lorsqu'elle exprimait le bonheur, je n'ai perçu que le bonheur. Lorsqu'elle exprimait la peine, je n'ai perçu rien d'autre que la peine. »

28. Où se cache votre trésor

Daiju rendait un jour visite à Baso. Celui-ci lui demanda ce qu'il cherchait.
— L'illumination, répondit Daiju.
— Pourquoi chercher à l'extérieur ? dit Baso, tu possèdes ton propre trésor.
— Où ça ? demanda Daiju.
— Ce que tu me demandes est précisément ton trésor, répondit Baso.

Daiju fut illuminé. Dès lors, il ne cessa de dire à ses amis : « Trouvez où se cache votre trésor et faites bon usage de ces richesses. »

29. Plus d'eau, plus de lune

La nonne Chiyono qui étudiait le Zen sous la tutelle du maître Bukko, d'Engaku, fut longtemps dans l'impossibilité de connaître les fruits de la méditation.

Un soir de lune, alors qu'elle portait de l'eau dans un vieux seau rafistolé avec du bambou, le morceau de bambou cassa. Le fond du seau céda et, à ce moment précis, Chiyono fut libérée.

En souvenir de ce jour, elle écrivit ce poème :

> *J'ai essayé du mieux que j'ai pu de sauver le vieux seau ;*
> *La tresse de bambou menaçait de rompre,*
> *Et puis le fond du seau a cédé.*
> *Il n'y eut plus d'eau dans le seau,*
> *Et plus de lune dans l'eau.*

30. Carte de visite

Keichu, le grand maître Zen de l'époque des Meiji, avait la charge du temple de Tokufu à Kyoto. Rendant visite à Keichu pour la première fois, le gouverneur de la ville présenta sa carte au serviteur du maître. Sur la carte, on pouvait lire : « Kitagaki, Gouverneur de Kyoto. »

Après l'avoir lue, Keichu s'écria : « Je n'ai rien à faire avec cet individu ! » Et il demanda à son serviteur d'éconduire le gouverneur. Le serviteur rendit la carte à son propriétaire en s'excusant.

« C'est de ma faute », dit celui-ci, et il prit un crayon et raya les mots « Gouverneur de Kyoto ». Il ajouta : « Demande encore une fois à ton maître s'il peut me recevoir. »

« Ah, c'est Kitagaki ? s'exclama le maître, je serai heureux de voir cet homme. »

31. Le meilleur morceau

En traversant un marché, Banzan entendit une conversation entre un boucher et son client.

— Donne-moi le meilleur morceau de viande que tu aies, disait ce dernier.

— Tout, dans ma boutique, est de la meilleure qualité, répondait le boucher, tu ne peux trouver un morceau de viande qui ne soit le meilleur.

A ces mots, Banzan fut éclairé.

32. Le moindre instant est un joyau inestimable

Un seigneur demanda un jour à Takuan, un maître Zen, de lui suggérer comment il pourrait passer son temps. Il trouvait les journées longues, enfermé dans son bureau, à recevoir des hommages.

Takuan, en guise de réponse, écrivit ces quelques lignes qu'il donna au seigneur :

Ce jour n'aura pas son semblable.
Chaque instant est un joyau inestimable.

33. La main de Mokusen

Dans le temple où vivait Mokusen Hiki, dans la province de Tamba, l'un des résidents se plaignit de l'avarice de sa femme. Mokusen se rendit chez elle ; il lui montra son poing fermé.
— Que veux-tu dire par là ? lui demanda la femme, étonnée.
— Si ma main était toujours ainsi, que dirais-tu ?
— Je dirais qu'elle est infirme, répondit-elle.
Il ouvrit alors grand sa main et demanda :
— Et comme ça ?
— Qu'elle est infirme tout autant, dit la femme.
— Si tu comprends autant de choses, conclut Mokusen, tu es une bonne épouse.
Et sur ces mots, il s'en alla.
Dès lors, la femme aida son mari à être aussi généreux qu'économe.

34. Un sourire dans une vie

Mokugen était connu pour n'avoir souri qu'à son dernier jour. Sentant venir son heure, il dit à ses fidèles : « Vous avez étudié sous ma tutelle pendant plus de dix ans. Montrez-moi quelle est votre compréhension du Zen. Celui qui l'exprimera le plus clairement sera mon successeur et recevra ma robe et mon bol. »
Les moines regardèrent tous le visage sévère de Mokugen, sans répondre. Encho, le plus ancien disciple, s'approcha du lit et poussa légèrement la tasse à médicaments de son maître. Telle fut sa réponse.

Le visage de Mokugen se fit encore plus sévère.
— C'est bien là tout ce que tu comprends ? demanda-t-il.
Encho tendit le bras et remit la tasse à sa place.
Un grand sourire illumina le visage du maître.
— Oh, canaille, dit-il à Encho, tu as travaillé avec moi dix ans sans voir mon corps une seule fois. Prends la robe et le bol, ils sont à toi.

35. Le Zen de l'instant

Les adeptes du Zen étudient avec leur maître pendant dix ans au moins avant de pouvoir enseigner à leur tour.

Nan-in reçut la visite de Tenno. Celui-ci, ayant fini son apprentissage, était maintenant professeur.

Comme il pleuvait ce jour-là, Tenno portait des sabots en bois et s'était muni d'un parapluie.

Après avoir salué le visiteur, Nan-in fit observer : « Je suppose que tu as laissé tes sabots dans le vestibule. Je voudrais savoir si ton parapluie se trouve à droite ou à gauche de tes sabots. »

Tenno, confus, ne sut que répondre. Il se rendit compte qu'il était incapable de vivre selon le Zen à chaque instant.

Il se fit l'élève de Nan-in et étudia six ans de plus.

36. Une pluie de fleurs

Shubhuti était un disciple de Bouddha. Il comprenait à quel point il était important de faire le vide. Il savait que rien n'existe hors d'une relation de subjectivité et d'objectivité.

Un jour, Shubhuti, dans un état de vide sublime, se trouvait assis sous un arbre, lorsque des fleurs tombèrent autour de lui.

— Nous vous félicitons pour vos propos sur le vide, lui murmurèrent les dieux.

— Mais je n'ai rien dit, répondit Shubhuti.

— Tu n'as rien dit, nous n'avons rien entendu, répondirent les dieux, tel est le vrai vide.

Et il se mit à pleuvoir des fleurs sur Shubhuti.

37. La publication des sutras

Tetsugen, un adepte du Zen au Japon, décida un jour de faire publier les sutras que l'on trouvait à cette époque seulement en chinois. Il était prévu d'imprimer sept mille exemplaires en utilisant des caractères en bois, ce qui était une entreprise considérable.

Tetsugen parcourut le Japon, en quête de donations pour financer son projet. Quelques sympathisants lui donnèrent bien une centaine de pièces d'or, mais la plupart du temps, il ne recevait que de la menue monnaie. Il remerciait toutefois chaque donateur avec une reconnaissance égale.

Au bout de dix ans Tetsugen rassembla enfin une somme suffisante pour entreprendre sa tâche. Mais, à ce moment-là, la rivière Uji déborda, provoquant la famine. Tetsugen dépensa les fonds réservés à la publication des sutras pour secourir les sinistrés.

Puis il se remit à son travail de collecte.

Plusieurs années plus tard, une épidémie s'abattit sur le pays. Tetsugen, pour aider son peuple, distribua tout l'argent qu'il avait collecté.

Il se remit au travail une troisième fois, et, vingt ans plus tard, arriva enfin au bout de ses peines. On peut voir aujourd'hui, au monastère d'Obaku à Tokyo, les caractères d'imprimerie qui servirent à la première édition.

Les Japonais racontent à leurs enfants que Tetsugen imprima trois exemplaires des sutras et que les deux premiers, disparus maintenant, surpassent le troisième.

38. L'œuvre de Gisho

Gisho, consacrée nonne à l'âge de dix ans, avait reçu la même éducation que les garçons. A l'âge de seize ans, elle alla d'un maître à l'autre, étudiant avec tous. Elle passa trois ans avec Unzan, six ans avec Gutei, sans cependant atteindre la clarté d'esprit.

Elle se rendit alors chez le maître Inzan. Celui-ci, loin de lui manifester des égards particuliers parce qu'elle était une femme, se montra au contraire d'une très grande sévérité. Il la frappait même, afin d'éveiller en elle sa vraie nature.

Gisho resta avec lui treize ans, et trouva enfin ce qu'elle cherchait.

Inzan écrivit ce poème, en son honneur :

Cette nonne étudia treize ans sous ma direction.
Du matin au soir, elle était plongée dans les koans.

> *La nonne chinoise Tetsuma lui était supérieure en tout,*
> *Mais depuis la nonne Mujaku, personne n'a été aussi sérieux que cette Gisho.*
> *Et pourtant, il lui reste bon nombre de barrières à franchir,*
> *Et beaucoup d'autres coups à recevoir de mon poing d'acier.*

Lorsqu'elle fut illuminée, Gisho se rendit dans la province de Banshu, où elle fonda son propre temple Zen et enseigna à deux cents autres nonnes.

Elle s'éteignit par un beau mois d'août.

39. La sieste

La maître Soyen Shaku quitta ce monde à l'âge de soixante et un ans. Il laissa derrière lui, parachevant une vie de travail, un enseignement considérable, beaucoup plus riche que celui de maints maîtres Zen.

Il fermait les yeux lorsque, l'été, ses élèves faisaient la sieste, mais lui, ne perdait jamais une minute.

Alors qu'il n'avait pas encore douze ans, il étudiait déjà la philosophie Tendai.

Par une lourde journée d'été, le petit Soyen s'était endormi pendant l'absence de son maître. Il ne se réveilla que trois heures plus tard, au moment même où il entendit son maître rentrer. Mais il était trop tard, il était allongé en travers de la porte.

« Pardon, pardon », murmura le maître, en

enjambant avec précaution le corps de Soyen, comme s'il se fût agi d'un invité de marque.

A dater de ce jour, Soyen ne fit plus la sieste.

40. Au pays des songes

« Notre maître d'école avait l'habitude de faire un somme tous les après-midi, racontait un disciple de Soyen Shaku. Nous, les élèves, nous lui demandions pourquoi il faisait cela, et il répondait : Je me rends au pays des songes pour rencontrer de vieux sages, comme le faisait Confucius. »

Lorsque Confucius dormait, en effet, il voyait dans ses rêves de vieux sages, dont il parlait ensuite à ses disciples.

Un jour de grosse chaleur, comme certains d'entre nous étaient en train de faire un somme, le maître se mit en colère. Nous lui répondîmes alors : « Nous avons été au pays des songes, comme Confucius, pour rencontrer de vieux sages. »

« Quel message vous ont-ils remis », demanda notre maître.

L'un d'entre nous dit : « Nous avons été au pays des songes pour demander aux anciens si notre maître d'école venait bien chaque après-midi, mais ils nous ont répondu qu'ils ne l'avaient jamais vu. »

41. Le Zen de Joshu

Joshu commença à étudier le Zen à l'âge de soixante ans, et ce, jusqu'à quatre-vingts ans, quand il réalisa le Zen. Il enseigna ensuite de quatre-vingts jusqu'à cent vingt ans.

Un étudiant lui demanda :
— Si je n'ai rien dans la tête, que dois-je faire ?
— T'en défaire, répondit Joshu.
— Mais comment me défaire de ce que je n'ai pas ? continua l'étudiant.
— Eh bien, portes-en le fardeau, dit Joshu.

42. La réponse du mort

Lorsque Mamiya, qui devint par la suite un prêcheur bien connu, alla voir un maître Zen pour qu'il l'aide à trouver sa voie personnelle, celui-ci lui demanda de résoudre le problème du son d'une seule main. Mamiya médita sur le problème.

— Tu ne fais pas asssez d'efforts, lui dit le maître, tu es trop attaché à la nourriture, aux richesses, aux choses matérielles, et à ce son. Il vaudrait mieux que tu meures, cela résoudrait le problème.

Lorsque Mamiya reparut devant le maître, celui-ci lui demanda à nouveau ce qu'il avait découvert. Mamiya se laissa alors tomber comme s'il était mort.

— D'accord, tu es bien mort, dit le maître, mais qu'as-tu trouvé ?
— Je n'ai pas encore résolu la question, répliqua Mamiya en levant les yeux sur son interlocuteur.
— Les morts ne parlent pas, s'écria le maître, sors d'ici !

43. Le Zen dans la vie d'un mendiant

Tosui était un maître Zen très connu en son temps. Il avait séjourné et enseigné dans plusieurs temples de diverses provinces. Il trouva tellement d'adeptes dans le dernier temple où il s'arrêta, qu'il annonça son intention d'abandonner définitivement les conférences. Il recommanda aux disciples de se disperser, d'aller où bon leur semblait. Et on ne le revit plus.

Trois ans plus tard, un de ses disciples le retrouva. Il vivait en compagnie de mendiants, sous un pont de Tokyo. Le disciple pria le maître de lui enseigner ce qu'il savait.

« Si tu fais comme moi pendant quelques jours, c'est possible », répondit Tosui.

Alors le disciple s'habilla en mendiant et passa la journée avec Tosui.

Le jour suivant, un des mendiants mourut. A minuit, Tosui et son élève portèrent le corps dans la montagne et l'y brûlèrent. Et ils retournèrent sous le pont. Tosui dormit profondément le restant de la nuit, mais le disciple ne put fermer l'œil. Au matin, Tosui dit : Il n'est pas nécessaire d'aller aujourd'hui mendier notre nourriture. Notre ami défunt a laissé de quoi manger. »

Mais le disciple ne put rien avaler.

« Je dois conclure que tu ne peux faire comme moi, déclara Tosui, va-t-en et ne m'importune plus jamais. »

44. Le voleur qui devint disciple

Un soir, alors que Shichiri Kojun récitait des sutras, un voleur, portant une épée tranchante, entra chez lui et lui demanda de lui donner sa bourse ou sa vie.

Shichiri lui dit : « Ne me dérange pas ; l'argent est dans le tiroir. » Puis il se remit à réciter les sutras.

Peu après, il s'interrompit pour dire : « Ne prends pas tout, car je dois payer mes impôts demain. » L'intrus rassembla le plus gros de l'argent et s'apprêta à partir.

« Remercie lorsqu'on te fait un cadeau », ajouta Shichiri. L'homme le remercia et s'esquiva.

Quelques jours plus tard, on attrapa le voleur et celui-ci avoua ses larcins, dont le vol chez Shichiri. Quand ce dernier fut appelé comme témoin, il déclara : « Cet homme n'est pas un voleur, du moins en ce qui me concerne. Je lui ai donné l'argent et il m'en a remercié. »

Après avoir accompli sa peine de prison, le voleur se rendit chez Shichiri et devint son disciple.

45. Bien et mal

Lorsque Bankei tenait ses séminaires de méditation, des élèves originaires de tout le Japon venaient y assister.

Lors de l'un de ces rassemblements, un élève fut pris en train de voler. On rapporta le fait à Bankei en lui demandant d'expulser le coupable. Bankei ignora le cas.

Quand, un peu plus tard, l'élève recommença, Bankei ferma à nouveau les yeux. Cela rendit furieux les séminaristes, qui firent une pétition pour demander le renvoi du voleur, en précisant que sinon, ils partiraient tous.

Lorsqu'il eut lu la pétition, Bankei réunit les élèves et leur dit : « Vous êtes sages, mes frères. Vous savez ce qui est bien et ce qui est mal. Allez étudier ailleurs, si tel est votre désir, mais laissez-moi vous dire que notre pauvre frère ne sait même pas reconnaître le bien du mal ; qui l'instruira, si je ne le fais pas ? Je vais le garder avec moi, même si cela doit vous faire tous partir. »

En entendant ces paroles, le voleur fondit en larmes. Toute envie de voler avait disparu.

46. Comment l'herbe et les arbres deviennent illuminés

Sous la dynastie des Kamakura, Shinkan étudia le Tendai pendant dix ans et le Zen pendant sept ans puis il s'en alla en Chine où il passa treize autres années en contemplation.

A son retour au Japon, on lui posa de nombreuses et obscures questions. Mais Shinkan répondait rarement aux visiteurs qu'il recevait.

Un jour, un candidat à l'illumination de cinquante ans dit à Shinkan :

— J'ai étudié le courant de pensée Tendai depuis mon enfance, et pourtant il y a quelque chose que je n'arrive toujours pas à comprendre. La philosophie Tendai prétend que même l'herbe et les arbres peuvent être illuminés. Cela me paraît très curieux.

— A quoi bon discuter de la manière dont l'herbe et les arbres peuvent être illuminés, dit Shinkan, la question est plutôt de savoir comment toi, tu peux y parvenir. As-tu jamais pensé à cela ?

— Je n'y ai jamais pensé de cette manière, répondit le vieil homme, étonné.

— Alors rentre chez toi et songes-y bien, conclut Shinkan.

47. Un artiste aimant l'argent

Le moine Gessen était peintre. Avant de commencer un dessin ou un tableau, il insistait toujours pour se faire payer à l'avance, et ses tarifs étaient très élevés. On l'appelait l'artiste-aimant-l'argent.

Un jour, une Geisha lui fit la commande d'un tableau.

— Combien peux-tu payer? demanda aussitôt Gessen.

— Ton prix sera le mien, répondit la jeune fille, mais je veux assister à ton travail.

La Geisha fit venir Gessen un jour où elle donnait une fête en l'honneur de son protecteur. Le moine peignit le tableau avec un pinceau à poils fins. Lorsqu'il eut fini, il demanda une somme exorbitante. La Geisha le paya.

Puis elle dit à son protecteur : « Tout ce que cet artiste désire, c'est de l'argent. Ses tableaux sont beaux, mais son esprit est sale ; c'est l'argent qui l'a rendu fangeux. Créées par un esprit sale, ces peintures ne valent pas d'être exposées. Il ne mérite que de dessiner sur l'un de mes jupons. »

Enlevant sa jupe, elle demanda alors à Gessen de faire une autre peinture à l'arrière de son jupon.

— Combien me paieras-tu ? demanda celui-ci.
— Tout ce que tu voudras, répondit la Geisha.

Gessen dit un prix approximatif, exécuta le tableau, et s'en alla.

On apprit par la suite que Gessen avait des raisons valables pour vouloir autant d'argent.

La province où il habitait était très sujette à des famines terribles. Il était exclu que les riches aident les pauvres : il avait alors prévu, pour de telles circonstances, un entrepôt, connu de lui seul, qu'il remplissait de céréales.

Comme la route qui menait de son village à l'Autel National était en très mauvais état et que beaucoup de voyageurs en souffraient, il voulut construire une route meilleure.

Par ailleurs, son maître était mort avant d'avoir pu réaliser son vœu le plus cher : construire un temple. Gessen le fit pour lui.

Après avoir accompli ces trois œuvres, le moine jeta pinceau et palette, et, menant une vie d'ermite dans la montagne, abandonna la peinture pour le restant de ses jours.

48. Une grande précision

Sen no Rikyu, un maître de thé, voulut un jour accrocher un panier de fleurs à une colonne. Il fit appel à un charpentier pour l'aider. Selon les directives de Sen no Rikyu, l'homme déplaça l'objet dans tous les sens, plus haut, plus bas, à droite, à gauche, jusqu'à ce qu'il eut trouvé le bon endroit. « Tu y es », finit par dire le maître.

Le charpentier, voulant mettre à l'épreuve Sen no Rikyu, fit une marque à l'endroit choisi et prétendit avoir oublié où c'était. « C'était là ? Ou ici peut-être ? », demanda le charpentier à plusieurs reprises, en désignant plusieurs points sur la colonne.

Le maître de thé avait un tel sens des proportions qu'il n'approuva que lorsque le charpentier eut atteint l'endroit exact repéré.

49. Le Bouddha au nez noir

Une nonne, recherchant l'illumination, fit une statue du Bouddha qu'elle recouvrit de feuilles d'or. Partout où elle allait, elle emportait la statue avec elle.

Les années passèrent. La nonne s'installa avec son Bouddha dans un petit temple de campagne. Les Bouddhas y étaient déjà fort nombreux, et chacun possédait son autel particulier.

La nouvelle venue, désirant brûler de l'encens devant son propre Bouddha, craignit que le parfum ne s'échappât vers d'autres Bouddhas. Aussi inventa-t-elle un système de cheminée par laquelle la fumée n'arriverait qu'à sa propre statue.

Le nez de son Bouddha en or en fut tout noirci, ce qui le rendit très laid.

50. La claire réalisation de Ryonen

La nonne bouddhiste Ryonen naquit en 1797. Elle était la petite fille d'un fameux guerrier japonais du nom de Shingen.

Les dons poétiques et la beauté de la jeune fille étaient tels qu'à l'âge de dix-sept ans elle fut prise au service de l'impératrice comme dame de cour. Malgré son jeune âge, elle semblait destinée à la célébrité.

Mais l'impératrice bien-aimée mourut subitement et, avec elle, toutes les espérances de Ryonen.

Prenant conscience de la fragilité de la vie, elle voulut étudier le Zen. Sa famille s'y opposa et l'obligea à se marier, Ryonen consentit à ce mariage à condition de pouvoir devenir nonne après son troisième enfant. A la naissance de celui-ci, elle n'avait pas encore vingt-cinq ans. Ses parents et son mari ne purent la dissuader plus longtemps de réaliser son désir. Elle se rasa la tête, prit le nom de Ryonen, qui signifie « voir clairement », et commença son pèlerinage.

Elle arriva à Edo et demanda à Tetsugyu de l'accepter comme disciple. Celui-ci refusa aussitôt : elle était trop belle. Ryonen se rendit alors chez Hakuo, un autre maître Zen. Hakuo ne voulut pas de la jeune fille pour la même raison, prétendant que sa beauté pouvait être une source d'ennuis.

Ryonnen se brûla alors le visage avec un fer à repasser. En quelques minutes, sa beauté disparut pour toujours.

Hakuo la prit alors comme disciple.

En souvenir de ce jour, la jeune nonne écrivit, sur le dos d'un miroir, ce poème :

> *Au service de mon Impératrice, je brûlais de l'encens,*
> *Pour parfumer mes beaux habits.*
> *Me voilà maintenant, mendiante sans refuge, me défigurant*
> *Pour entrer dans un temple Zen.*

Lorsque Ryonen sentit sa fin approcher, elle écrivit un autre poème :

> *Soixante-six fois, j'ai contemplé l'automne.*
> *J'ai suffisamment vu la lune.*
> *Je n'en demande pas plus.*
> *Je veux seulement écouter le murmure des pins et des cèdres.*
> *Lorsque nul souffle de vent ne les agite.*

51. Un miso dur à digérer

Le moine Dairyo, qui résidait au monastère de Bankei, était aussi cuisinier. Décidant un jour de veiller sur la santé de son vieux maître, il lui prépara du miso frais et une pâte de haricots noirs mélangés avec du blé et de la levure.

Bankei, remarquant qu'on lui servait un miso meilleur qu'aux autres, demanda : « Quel est le cuisinier, aujourd'hui ? ». Dairyo se présenta devant le maître et lui déclara qu'eu égard à son âge et à sa position, il ne devait manger que du miso frais. Il répondit alors au cuisinier : « Tu penses donc que je ne devrais pas manger du tout. » Sur ce, il rentra dans sa chambre et en ferma la porte à clef.

Dairyo s'assit derrière la porte, implorant le pardon de son maître. Bankei ne répondit pas. Pendant sept jours, Dairyo resta assis devant la porte fermée.

La situation étant sans issue, un adepte prit le parti d'en appeler à Bankei. « Tout va peut-être bien pour toi, vieux maître, s'écria-t-il à travers la porte, mais ton jeune disciple assis devant la porte doit manger. Il ne peut se passer de nourriture. »

A ces mots, Bankei ouvrit la porte en souriant. Il dit à Dairyo : « Je tiens à manger la même chose que n'importe lequel de mes disciples. N'oublie pas cela, lorsque ce sera toi le maître. »

52. Ta lumière peut s'éteindre

Un étudiant en Tendai, l'un des courants philosophiques du bouddhisme, se rendit un jour chez le maître Zen Gasan pour devenir son élève.

Lorsqu'il quitta Gasan, quelques années plus tard, ce dernier lui dit : « Etudier la vérité de manière spéculative peut servir à rassembler du matériel pour prêcher. Mais souviens-toi bien qu'à moins de méditer constamment, la lumière de la vérité peut s'éteindre. »

53. Le donateur devrait être reconnaissant

Seisetsu dirigeait le temple d'Engaku à Kamakura.

Comme les locaux où il enseignait étaient surchargés, il eut besoin de plus de place. Umezu Seibei, un marchand de la ville d'Edo, proposa de lui donner cinq cents pièces d'or pour construire une école plus adéquate.

Lorsqu'il apporta l'argent au maître, celui-ci dit : « C'est bon, j'accepte. » Umezu donna le sac d'or à Seisetsu, mais l'attitude de ce dernier lui déplut. Il était possible de vivre une année entière avec trois pièces d'or et Seisetsu n'avait même pas remercié le marchand pour beaucoup plus.

— Il y a cinq cents pièces d'or dans ce sac, insista Umezu.

— Tu me l'as déjà dit, répondit Seisetsu.

— Même si je suis un riche marchand, cinq cents ryos représentent une grosse somme.

— Veux tu que je t'en remercie?

— Tu devrais.

— Et pourquoi donc? C'est celui qui donne qui devrait être reconnaissant.

54. Dernière volonté et testament

Sous la dynastie des Ashikaga vivait le célèbre maître zen Ikkyu, fils de l'empereur.

Lorsqu'il était encore très jeune, sa mère quitta le palais pour aller étudier dans un temple Zen. C'est de cette manière que le prince Ikkyu devint, lui aussi, un adepte.

Lorsque sa mère mourut, elle lui laissa cette lettre :

> *A Ikkyu.*
> *J'ai accompli mon œuvre dans cette vie et m'en retourne vers l'éternité. Je te souhaite*

de devenir un bon élève et réaliser ta nature
de Bouddha. Tu sauras si je suis en enfer,
ou toujours avec toi.
Si tu t'aperçois que Bouddha et son disciple Bodhidharma sont tes serviteurs, tu peux
arrêter d'étudier et commencer à travailler
pour l'humanité. Le Bouddha qui a prêché
quarante-neuf ans a découvert pendant tout
ce temps qu'il n'était pas nécessaire de proférer la moindre parole. Je pense que tu
comprends. Mais si ce n'est pas le cas et que
cependant tu désires savoir pourquoi, évite
les pensées inutiles.

Ta mère.
Ni née, ni morte.
Le premier Septembre.

PS. l'enseignement du Bouddha consistait
principalement à guider les autres vers l'illumination. Si tu t'attaches à l'une de ses
méthodes, tu n'es rien d'autre qu'un misérable insecte. Il y a 80 000 livres sur le bouddhisme et si tu devais les lire tous et rester
sans voir quelle est ta vraie nature, tu ne
comprendrais même pas cette lettre. Ceci est
ma dernière volonté et mon testament.

55. Le maître de thé et l'assassin

Au Japon, sous la dynastie des Tokugawa, vivait un guerrier du nom de Taiko, qui étudia le Chano-yu, ou cérémonial du thé, avec Sen no Rikyu, un maître rayonnant de calme et de sérénité.

Le guerrier Kato, serviteur de Taiko, considérait que l'enthousiasme de son supérieur pour le cérémonial du thé portait préjudice aux affaires d'état ; aussi décida-t-il d'aller trouver Sen no Rikyu et de le tuer.

Le maître de cérémonie, voyant arriver Kato, l'invita à boire le thé. Devinant cependant dans le regard de l'homme son intention meurtrière, il lui suggéra de déposer son épée avant d'entrer. Il lui expliqua que le Cha-no-yu était un acte de paix. Kato refusa d'écouter ses paroles.

— Je suis un guerrier, dit-il, je porte toujours mon épée sur ma Cha-no-yu ou par Cha-no-yu, je garde mon arme.

— Très bien. Garde ton épée et viens prendre une tasse de thé, finit par dire Sen no Rikyu.

L'eau bouillait sur le feu. Soudain, le maître renversa la bouilloire. De la vapeur en sortit en sifflant, remplissant la pièce de fumée et de cendres. Le guerrier, effrayé, se précipita au dehors. Le maître de cérémonie s'excusa : « C'est ma faute. Reviens boire ton thé. Ton épée est couverte de cendres, je vais la nettoyer. »

Dans cette situation, le guerrier comprit qu'il pourrait difficilement tuer le maître de cérémonie, et abandonna son projet.

56. Le véritable chemin

Le maître Zen Ikkyu rendit visite à Ninakawa, juste avant la mort de celui-ci.

— Veux-tu que je te guide ? lui dit-il.

— Quelle aide pourrais tu m'apporter ? répondit Ninakawa, je suis venu seul en ce monde, je partirai seul.

— Si tu penses que réellement tu viens et tu pars, tu es dans l'illusion, répliqua Ikkyu, laisse-moi te montrer le chemin sur lequel il n'y a ni commencement ni fin.

A ces mots, Ninakawa vit si clairement le chemin qu'il mourut en souriant.

57. Les portes du paradis

Un soldat nommé Nobushige alla voir Hakuin et lui demanda :

— Est-ce qu'il y a vraiment un enfer et un paradis ?

— Qui es-tu ?, répliqua l'autre.

— Je suis un samouraï, dit le guerrier.

— Toi, un soldat ! s'exclama Hakuin, quel ministre voudrait de toi comme garde, ton visage ressemble à celui d'un mendiant.

Nobushige, fou de colère, tira son épée, mais Hakuin renchérit : « Ah ! Tu as une épée ! Ton arme est sûrement trop émoussée pour pouvoir me couper la tête. » Et, voyant l'homme prêt à frapper, il ajouta : « Ici s'ouvrent les portes de l'enfer. »

A ces mots, le samouraï rengaina son épée et s'inclina devant le sang-froid du maître.

« Ici s'ouvrent les portes du paradis », dit alors Hakuin.

58. L'arrestation du Bouddha en pierre

Un marchand qui transportait cinquante rouleaux de coton sur ses épaules voulut se protéger de la chaleur du jour. Il trouva un abri où se tenait un grand Bouddha de pierre et s'endormit.

Lorsqu'il se réveilla, sa marchandise avait disparu. Il prévint aussitôt la police. Le juge O-Oka ouvrit un procès et ne tarda pas à conclure : « Seul le Bouddha de pierre peut être le coupable. Son rôle est de veiller sur les gens, mais aujourd'hui, il a failli à sa sainte tâche. Arrêtez-le. »

Les policiers arrêtèrent le Bouddha et le traînèrent au tribunal. Une foule bruyante suivit la statue, curieuse de savoir quel serait le verdict.

Lorsque O-Oka prit la parole, ce fut pour réprimander le public bruyant : « De quel droit venez-vous devant cette cour, en vous comportant de cette manière ? Pour mauvaise conduite devant le tribunal, je vous condamne à une amende et à l'emprisonnement. »

Des excuses jaillirent de la foule. Je devrais vous faire payer une amende, dit le juge, vous en serez cependant exempté, à condition que chacun d'entre vous apporte à la cour, dans les trois jours qui viennent, un rouleau de coton. Tous ceux qui ne feront pas comme j'ai dit seront arrêtés.

Le marchand reconnut l'un des rouleaux apportés au juge comme étant le sien, le voleur fut ainsi facilement identifié. Le marchand retrouva ses biens et les autres rouleaux furent rendus à leurs propriétaires.

59. Les soldats de l'humanité

Des officiers japonais en manœuvre réquisitionnèrent le temple de Gasan pour en faire leur quartier général. Gasan recommanda au cuisinier : « Tu feras aux officiers les mêmes simples repas que pour nous. »

Cela rendit furieux ces messieurs de l'armée, habitués à un traitement spécial. L'un d'entre eux vint voir Gasan et lui dit : « Qui crois-tu que nous sommes ? Nous sommes des soldats qui sacrifions nos vies pour notre pays. Pourquoi n'avons-nous pas le traitement qui nous est dû ? »

Gasan répondit alors sévèrement : « Et qui crois-tu que nous sommes, nous ? Nous sommes des soldats de l'humanité, et notre but est de sauver tous les êtres ».

60. Le tunnel

Zenkai, qui était le fils d'un samouraï, se rendit à Edo où il devint le serviteur d'un haut fonctionnaire.

Il tomba amoureux de la femme de son maître. Celui-ci le surprit. Voulant se défendre, Zenkai le tua et s'enfuit avec sa femme.

Ils devinrent tous deux des voleurs, mais la femme était si avide qu'elle dégoûta bientôt son amant. Il la quitta et partit pour la province de Buzin, où il devint mendiant.

Pour se racheter, Zenkai décida d'accomplir de bonnes actions.

Il connaissait une route dangereuse, qui surplombait un précipice; elle avait déjà causé nombre d'accidents mortels. Pour y mettre fin, il voulut creuser un tunnel sous la montagne. Mendiant sa nourriture pendant la journée, il creusait son tunnel la nuit. Au bout de trente ans, le tunnel fut long de 2 280 mètres, haut de 20 mètres et large de 30 mètres.

Deux ans avant qu'il eut fini, le fils du fonctionnaire qu'il avait assassiné le retrouva et voulut le tuer pour venger son père.

« Je veux bien te donner ma vie, dit Zenkai, laisse-moi seulement finir mon travail. Le jour où ce tunnel sera achevé tu pourras alors accomplir ta volonté. » Le fils décida d'attendre.

Plusieurs mois passèrent; Zenkai creusait toujours. Le jeune homme, à qui l'inaction commençait à peser, se mit à aider Zenkai. Après un an de travail, il en vint à admirer le courage et la force de caractère de l'homme qu'il était venu tuer.

Le tunnel fut enfin terminé et les voyageurs purent circuler en toute sécurité.

— Maintenant, coupe-moi la tête, dit Zenkai. Mon travail est fini.

— Comment pourrais-je couper la tête de mon propre maître ? s'exclama le jeune homme, les yeux pleins de larmes.

61. Gudo et l'empereur

L'empereur Goyozei, qui étudiait le Zen sous la conduite de Gudo, demanda à celui-ci :

— Dans le Zen, cet esprit même est le Bouddha : est-ce exact ?

Gudo répondit :
— Si je te dis oui, tu penseras avoir compris. Si je te dis non, ce serait contredire un fait que de nombreuses personnes comprennent très bien.

Un autre jour, l'empereur posa la question suivante à Gudo :
— Où va l'homme illuminé lorsqu'il meurt ?
— Je n'en sais rien, répondit Gudo.
— Pourquoi n'en sais-tu rien ? insista l'empereur.

L'empereur, perplexe, hésita à poursuivre sa quête. Alors, Gudo frappa le plancher de sa main, comme pour réveiller son interlocuteur ; et l'empereur fut illuminé.

Ceci ne fit qu'accroître son respect pour le Zen et son vieux maître ; il permit même à celui-ci de porter son chapeau à l'intérieur du palais en hiver. Lorsque Gudo eut plus de quatre-vingts ans, il lui arrivait fréquemment de s'endormir au milieu de ses discours. L'empereur se retirait alors silencieusement dans une autre pièce, pour laisser son cher maître se reposer, comme son grand âge l'exigeait.

62. Dans les mains du destin

Un grand guerrier japonais nommé Nobunaga voulut, bien que ses hommes fussent dix fois moins nombreux, combattre l'ennemi.

Chemin faisant, il s'arrêta devant un autel Shinto et dit à ses hommes : « En repartant, je jetterai une pièce. Si c'est face, nous gagnerons. Si c'est pile, nous perdrons. Le destin nous tient entre ses mains. » Nobunaga s'agenouilla devant l'autel et pria en silence.

Lorsqu'il eut fini, il jeta la pièce. Ce fut face. Les soldats déployèrent une telle ardeur au combat qu'ils furent vainqueurs.

— Personne ne peut changer le destin, dit, après la bataille, le serviteur de Nobunaga à celui-ci.

— En effet, répondit le guerrier, en lui montrant une fausse pièce de monnaie dont les deux faces étaient identiques. Si lui était sûr de remporter la victoire, ses soldats, eux, en doutaient.

63. Tuer

Gasan parlait un jour à ses disciples en ces termes : « Ceux qui s'élèvent contre le meurtre et désirent épargner la vie de tout être humain ont raison. Il est bon de protéger même les animaux et les insectes. Mais que dire de ces personnes qui tuent le temps, de celles qui détruisent la prospérité et de celles qui ruinent l'économie politique ? Nous ne devons pas minimiser le mal qu'elles font. Mais il existe encore d'autres individus dangereux. Que penser en effet de celui qui prêche sans illumination ? Il tue le bouddhisme. »

64. Kasan en sueur

On demanda à Kasan d'officier aux funérailles d'un seigneur de province. Le maître, n'ayant jamais vu autant de nobles de sa vie, était nerveux. Lorsque la cérémonie commença, il se mit à transpirer.

De retour au temple, Kasan rassembla ses élèves et leur fit une confession. Il leur dit qu'il ne méritait pas encore d'être maître, parce qu'il était incapable d'avoir, dans le monde, la même attitude qu'au temple. Il démissionna et devint l'élève d'un autre maître.

Il ne revint voir ses disciples que huit ans plus tard, illuminé.

65. Comment vaincre un fantôme

Une jeune femme tomba malade et, à l'agonie, dit à son mari : « Je t'aime tant, je ne veux pas te quitter. Ne m'abandonne pas pour une autre femme, ou mon fantôme viendra sans cesse te hanter. »

Elle ne tarda pas à mourir et le mari respecta son dernier vœu pendant trois mois. Mais il fut ensuite amoureux d'une autre femme et se fiança. Un fantôme apparut alors toutes les nuits pour lui reprocher de ne pas avoir tenu sa promesse.

Ce fantôme était particulièrement intelligent. Il répétait à l'homme tout ce qui se passait entre sa fiancée et lui. A chaque fois que le fiancé offrait à sa bien-aimée un présent, le spectre en faisait une description détaillée. Il répétait même les conversations et importunait l'homme à un tel point qu'il ne pouvait plus dormir.

A bout de forces, il se résolut à aller voir un maître Zen pour lui demander de l'aide.

— Ta première femme est devenue un fantôme et connaît tous tes faits et gestes, résuma le maître, ce doit être un fantôme très intelligent. Tu devrais l'admirer. A sa prochaine apparition, propose lui un marché; dis-lui que, puisque tu ne peux rien lui cacher, tu vas rompre tes fiançailles et demeurer célibataire, à condition qu'il réponde à une question.

— Quelle question? dit l'homme.

— Prends une grande poignée de haricots et demande-lui combien il y en a. S'il ne peut répondre à cette question, tu sauras alors que ce spectre est issu de ton imagination, et il cessera alors de te hanter.

La nuit suivante, lorsque le fantôme apparut, le mari le félicita de savoir tant de choses.

— Oui, je sais même que tu es allé voir le maître Zen aujourd'hui.

— Puisque tu es si fort, dis-moi combien il y a de haricots dans ma main, demanda l'homme.

La question resta sans réponse. La fantôme avait disparu.

66. Les enfants de sa majesté

Yamaoka Teshu, le tuteur de l'empereur, était un maître d'escrime ainsi qu'un fervent adepte du Zen. Il recueillait chez lui tous les vagabonds. Il dépensait tellement à les nourrir qu'il n'avait en tout et pour tout qu'un seul habit.

L'empereur, voyant à quel point les vêtements de Yamaoka étaient usés, lui donna de l'argent pour en acheter d'autres.

Quelques jours après, constatant qu'il portait toujours les mêmes habits, l'empereur lui demanda:

— Où sont tes nouveaux vêtements?

— L'argent a servi à vêtir les enfants de votre majesté, lui expliqua Yamaoka.

67. Que fais-tu ? Que dis-tu ?

De nos jours, on raconte des tas de bêtises sur les maîtres et leurs disciples, et sur le choix de l'élève favori comme successeur.

Autrefois, cela se passait de cœur à cœur, selon l'esprit du Zen qui faisait régner le silence et l'humilité plutôt que les grands discours. Celui qui avait hérité de l'enseignement du maître pouvait le garder secret pendant vingt ans. Il se révélait un maître véritable à l'occasion d'une demande d'un élève auquel il répondait en dévoilant sa connaissance. Cette occasion se présentait naturellement et l'enseignement se perpétuait dans l'ordre des choses. Jamais un maître ne proclamait : « Je suis le successeur d'un tel. » Une telle assertion aurait été la preuve de son contraire.

Le maître Mu-nan n'eut qu'un successeur, nommé Shoju. Lorsque Shoju eut fini d'étudier le Zen, Munan l'appela dans sa chambre.

— Je me fais vieux, dit-il, et, pour autant que je sache, tu es le seul en mesure de perpétuer mon enseignement. Prends ce livre. Il est passé de maître en maître pendant sept générations. J'y ai ajouté quelques notations personnelles, et je te le donne pour que tu me succèdes.

— Si ce livre a une telle importance, garde-le, répondit Shoju, tu m'as enseigné par la parole, et cela me suffit.

— Je sais, dit Mu-nan, mais prends-le quand même, en symbole de l'enseignement reçu.

Les deux hommes parlaient à proximité d'un brasero. N'ayant aucun désir de possession, Shoju jeta dans le feu le livre qu'il tenait entre ses mains.

Mu-nan, qui ne s'était jamais mis en colère auparavant, hurla :
— Que fais-tu !
Shoju répondit : Que dis-tu ?

68. Une note de Zen

Après avoir rendu visite à son empereur, Kakua disparut et personne ne sut ce qu'il advint de lui.

Il avait été le premier Japonais à étudier le Zen en Chine, mais comme il n'en n'avait rien montré, à l'exception d'une note de musique, on oublia qu'il était à l'origine du Zen au Japon.

Kakua avait donc visité la Chine et y avait trouvé le véritable enseignement. Au lieu de parcourir le pays, il s'était retiré dans la montagne pour méditer constamment. Quand on parvenait à le trouver et qu'on lui demandait de prêcher, il ne disait que quelques mots et s'enfonçait davantage dans la montagne, là où on le dénicherait encore plus difficilement.

Lorsque le maître revint au Japon, l'empereur lui demanda de venir prêcher le Zen, pour son édification et celle de ses sujets.

Kakua resta silencieux devant l'empereur. Puis il sortit une flûte des plis de sa robe, joua une note brève, s'inclina avec politesse, et disparut.

69. Manger la faute

Le hasard voulut qu'un jour, le repas du maître Zen Soto Fugai, et celui de ses disciples, fût retardé.

Le cuisinier se rendit en toute hâte au jardin pour y couper des légumes verts, qu'il hacha en morceaux pour en faire une soupe. Il ne s'aperçut pas qu'il y avait un bout de serpent dedans.

Jamais les disciples n'avaient mangé de soupe aussi bonne. Mais lorsque le maître trouva la tête du serpent dans son bol, il appela le cuisinier.

— Qu'est-ce que c'est que ça ? lui demanda-t-il sévèrement.

— Oh, merci, maître, répondit le cuisinier, qui prit la tête de serpent et l'avala.

70. La chose la plus précieuse du monde

Un étudiant posa cette question au maître chinois Sozan :

— Quelle est, en ce monde, la chose la plus précieuse ?

— La tête d'un chat mort, répondit le maître.

— Pourquoi ? dit l'étudiant.

— Parce que personne ne peut en estimer la valeur, répliqua Sozan.

71. Apprendre à être silencieux

Les élèves de l'école Tendai étudiaient la méditation, avant que le Zen ne fît son apparition au Japon.

Quatre élèves, par ailleurs amis intimes, se promirent d'observer le silence pendant sept jours d'affilée.

Le premier jour, tous furent silencieux. L'exercice de méditation avait bien commencé. Mais, la nuit venue, voyant la lumière des lampes à huile diminuer, l'un des quatre amis ne put s'empêcher de dire à un domestique : « Arrange ces lampes. »

Le second d'entre eux, surpris d'entendre le premier parler, observa :

— Nous sommes censés ne pas dire un mot.

— Vous êtes tous les deux stupides, dit le troisième, pourquoi donc avez vous parlé ?

Alors le quatrième s'exclama : Il n'y a que moi qui n'ai rien dit, ici !

72. Le seigneur idiot

Un seigneur invita un jour les deux maîtres Zen, Daigu et Gudo. En arrivant, Gudo dit au seigneur :

— Tu es sage par nature et tu es prédisposé au Zen.

— Absurde, s'exclama Daigu, pourquoi flattes-tu cet idiot ? Il a beau être seigneur, il ne connaît rien au Zen.

Au lieu de bâtir un temple pour Gudo, le seigneur le construisit pour Daigu, et devint son élève.

73. Dix successeurs

Un maître Zen a droit de vie et de mort sur ses disciples. Les élèves s'engagent à étudier le Zen en acceptant la possibilité d'être tués par leur maître. Ils se font en général une incision au doigt, scellant ainsi par le sang leur résolution. Avec le temps, ce serment était devenu une pure formalité.

Aussi, lorsque Eikeido tua un élève de sa main, cela fit scandale.

Eikeido était un maître d'une très grande sévérité et on le craignait beaucoup. L'un de ses élèves, qui devait frapper sur un gong pour indiquer l'heure, fut distrait de sa tâche par une belle jeune fille qui passait la porte du temple.

A ce moment précis, Eikeido se trouvait derrière l'élève. Il le frappa avec un bâton et le tua sur le coup.

Lorsqu'il apprit l'accident, le tuteur du défunt se rendit aussitôt chez Eikeido. Loin de le blâmer, il félicita celui-ci de son intransigeance. Eikeido se comporta comme si l'élève avait été encore vivant.

A la suite de cet événement, Eikeido mena plus de dix disciples à l'illumination, un nombre très élevé.

74. Vraie métamorphose

Ryokan consacra sa vie entière à l'étude du Zen. Un jour, la rumeur lui parvint que son neveu, malgré les remontrances de sa famille, entretenait une courtisane. Comme le neveu avait pris la place de Ryokan dans la gérance des affaires familiales et que l'on craignait que tous les biens ne fussent dilapidés, on demanda à Ryokan d'intervenir.

Ryokan fit un long voyage pour se rendre chez son neveu, qu'il n'avait pas vu depuis des années. Le neveu parut content de voir son oncle et l'invita à dormir chez lui.

Ryokan passa la nuit à méditer. Au matin, prêt à partir, il dit au jeune homme: « Je crois que je me fais vieux : mes mains tremblent. Peux-tu m'aider à lacer ma chaussure ? » Le neveu s'empressa. « Merci, dit Ryokan, tu vois, on vieillit et on s'affaiblit un peu plus chaque jour. Prends bien soin de toi. »

Sur ces mots, Ryokan prit congé, sans avoir mentionné ni la courtisane, ni les plaintes de la famille.

Mais à partir de ce jour, le neveu cessa de dilapider le patrimoine familial.

75. Un tempérament

Un de ses élèves vint voir Bankei pour lui dire :
— J'ai un tempérament incontrôlable. Je me mets souvent dans des colères noires. Que puis-je y faire, maître ?
— C'est très étrange, répondit Bankei, montre-moi cela.
— Je ne peux pas maintenant, répliqua l'autre.
— Quand, alors ? demanda Bankei.
— Ça me prend tout d'un coup, dit l'élève.
— Alors, ça ne doit pas être ta vraie nature, conclut Bankei, si c'était le cas, tu pourrais me le montrer à tout moment. A ta naissance, tu ne l'avais pas, et ce ne sont pas tes parents non plus qui te l'ont donné. Réfléchis à cela. »

76. Un lourd fardeau

Hogen, un maître chinois, vivait seul dans un petit temple, en pleine campagne. Un jour, quatre moines voyageurs survinrent et lui demandèrent s'ils pouvaient faire un feu dans sa cour pour se réchauffer.

Tandis qu'ils préparaient le feu, Hogen les entendit discuter de subjectivité et d'objectivité; il se joignit à eux.

Il dit : « Vous voyez cette grosse pierre. Croyez-vous qu'elle se trouve à l'intérieur ou à l'extérieur de votre esprit ? »

Un des moines répondit : « Du point de vue du bouddhisme, toutes choses étant une objectivation de l'esprit, je dirais donc que cette pierre se trouve dans mon esprit. »

— Ta tête doit être très lourde, conclut Hogen.

77. Aucun attachement à la poussière

Zengetsu, un maître chinois qui vivait sous la dynastie des Tang, écrivit pour ses élèves ces quelques recommandations :

« Vivre dans le monde sans concevoir d'attachement pour la poussière du monde, est la voie de tout vrai étudiant Zen.

Lorsque vous êtes témoin d'une bonne action, prenez-la comme modèle. Lorsque vous assistez à une mauvaise action, évitez de faire de même.

Même seul dans une pièce, agissez comme si vous vous trouviez face à un invité de marque. Exprimez vos sentiments, mais restez vrai.

La pauvreté est un trésor. Ne lui préférez jamais une vie facile.

Prenez garde de ne pas juger trop vite les gens. Celui qui a l'air d'être un imbécile peut très bien être un sage.

Les vertus ne tombent pas du ciel, comme la pluie ou la neige ; elles sont le fruit de la discipline.

La modestie est la première vertu.

Il est préférable que vos voisins vous découvrent, plutôt que vous vous fassiez connaître.

Un cœur noble ne se met jamais en valeur. Ses paroles sont rares et inestimables, telles des pierres précieuses.

Aux yeux de l'adepte sincère, chaque jour est un jour de bonheur.

Le temps passe, mais il ne reste jamais prisonnier du passé. Ni la gloire, ni la honte ne peuvent le toucher.

Ne blâmez jamais les autres, mais vous seul. Et ne discutez pas du bien et du mal. Nombreuses furent les justes causes estimées mauvaises pendant plusieurs générations, et dont on reconnaît aujourd'hui la valeur. Mieux vaut ne pas s'empresser de porter un jugement, car le bien triomphe toujours.

Vivez avec un but et laissez-en le résultat à la grande loi de l'univers.

Passez chaque jour en contemplation tranquille. »

78. Une réelle prospérité

Un homme riche demanda à Sengai d'écrire quelques lignes à la gloire de sa famille, afin que la prospérité de celle-ci se perpétuât de génération en génération.

Sengai se procura une grande feuille de papier sur laquelle il écrivit : « Le père meurt, le fils meurt, et le petit-fils aussi. »

L'homme riche se mit en colère et s'écria :
— Je t'ai demandé d'écrire quelques lignes pour le bonheur de ma famille. Que signifie cette plaisanterie !
— Ce n'est pas une plaisanterie, répliqua Sengai. Si ton fils devait mourir avant toi, tu serais très malheureux. Si ton petit-fils devait disparaître avant ton fils, vous deux en auriez le cœur brisé. Si les membres de ta famille meurent dans l'ordre que j'ai mentionné, c'est le cours naturel de la vie. Voilà ce que j'appelle une réelle prospérité.

79. Encensoir

Il y avait à Nagasaki une femme du nom de Kame, qui fabriquait des encensoirs. Ces encensoirs étaient de telles merveilles qu'on ne les utilisait que pour les cérémonies du thé ou devant l'autel familial.

Kame buvait, fumait, et aimait la compagnie des hommes, mais elle était, comme son père, une grande artiste. Lorsqu'elle gagnait un peu d'argent, elle donnait une fête où elle invitait toutes sortes de gens, des poètes, des charpentiers, des ouvriers, des hommes aux occupations et aux talents divers. A leur contact, son art évoluait.

Kame était toujours excessivement lente dans ses créations, mais une fois son travail terminé, c'était toujours un chef-d'œuvre.

Ses encensoirs étaient gardés comme des trésors dans des maisons où, contrairement à Kame, les femmes ne buvaient ni ne fumaient, et ne fréquentaient guère les hommes.

Le maire de Nagasaki commanda à l'artiste un encensoir pour son usage personnel. Six mois passèrent avant qu'elle ne commençât à y travailler.

Le maire, qui, entre-temps, avait été nommé dans une autre ville, passa voir la jeune femme pour lui demander de se presser.

Lorsqu'elle eut enfin assez d'inspiration, Kame fit l'encensoir. Une fois celui-ci terminé, elle le plaça sur la table et l'examina en tous sens. Elle fuma et but devant l'objet, comme si ce dernier avait été un être humain. Elle ne le quitta pas des yeux de toute la journée.

A la fin, elle prit un marteau et cassa l'encensoir en morceaux.

Il ne correspondait pas à la création parfaite que son esprit exigeait.

80. Le vrai miracle

Un prêtre Shinshu, qui croyait parvenir au salut en répétant le nom du Bouddha d'Amour, conçut de la jalousie pour Bankei, dont les sermons au temple de Ryumon attiraient une large foule. Il voulut discuter avec lui.

Lorsque le prêtre Shinshu fit son entrée, Bankei était en train de parler. Le gaillard fit un tel bruit que le maître s'interrompit et demanda la raison du tumulte.

D'un air supérieur, le prêtre déclara : « Le fondateur de notre secte avait des pouvoirs si miraculeux qu'il pouvait écrire le saint nom d'Amida alors qu'il se tenait sur une rive du fleuve, un pinceau à la main, et que son serviteur était sur l'autre rive avec une feuille de papier. Peux-tu en faire autant ? »

Bankei, d'un ton léger, répliqua : « Mon seul miracle est de manger quand j'ai faim et de boire quand j'ai soif. »

81. Tais-toi et dors !

Gasan se tenait au chevet de Tekisui, trois jours avant la mort de celui-ci. Tekisui avait déjà décidé de faire de Gasan son successeur.

Gasan, à cette époque, reconstruisait un temple qui avait brûlé.

Tekisui lui demanda :

— Que comptes-tu faire, une fois le temple terminé ?

— Lorsque tu iras mieux, nous voulons que tu fasses un discours pour son inauguration, dit Gasan.

— Et si je ne vivais pas jusque-là ?

— Alors nous serions obligés de prendre quelqu'un d'autre.

— Et si tu ne trouvais personne ? continua Tekisui.

— Arrête de poser des questions idiotes. Et dors, s'écria alors Gasan.

82. Rien n'existe

Le jeune adepte Yamaoka Tesshu parcourait le pays, d'un maître Zen à l'autre. Il s'arrêta un jour chez Dokuon, de Shokoku.

Pour montrer ses connaissances au maître, le jeune homme dit : « Lorsqu'on y réfléchit, l'esprit, le Bouddha, les êtres humains, rien de tout cela n'existe. Le vide est à l'origine de tout phénomène. Il n'y a ni réalisation, ni déception, ni sagesse, ni médiocrité. Nul ne donne, ni ne reçoit. »

Dokuon fumait tranquillement, sans rien dire. Soudain il frappa le jeune homme de sa pipe en bambou. Celui-ci se mit en colère.

« Si rien n'existe, demanda le maître, d'où vient donc cette colère ? »

83. Pas de travail, pas de nourriture

Le maître chinois Hyakujo avait l'habitude, à quatre-vingts ans, de travailler avec ses élèves. Il s'occupait des jardins, entretenait les pelouses, élaguait les arbres.

Cela peinait les élèves de voir leur vieux maître travailler aussi dur. Sachant que, s'ils lui demandaient de s'arrêter, celui-ci ne les écouterait pas, ils lui cachèrent ses outils.

Ce jour-là, le maître refusa de manger ; le lendemain et le surlendemain, il continua de jeûner.

« Il est peut-être en colère contre nous, pensèrent les élèves, rendons-lui ses outils. »

Lorsque Hyakujo retrouva ses outils, il travailla et mangea comme d'habitude. Et le soir venu, il déclara à ses élèves : « Pas de travail pas de nourriture. »

84. De vrais amis

Il y a bien longtemps, en Chine, vivaient deux grands amis. L'un jouait très bien de la harpe, l'autre savait écouter.

Lorsque le premier jouait ou chantait la gloire d'une montagne, le second disait : « Je peux voir la montagne devant nous. »

Lorsqu'il chantait l'eau, le second s'exclamait : « Voilà un torrent fougueux. »

Mais celui qui écoutait tomba malade et mourut. Son ami coupa alors les cordes de sa harpe et ne joua plus jamais.

Depuis ce jour, couper les cordes d'une harpe est un signe de grande amitié.

85. Le moment de mourir

Le maître Zen Ikkyu était déjà très intelligent lorsqu'il était enfant.

Son maître possédait une tasse très précieuse et très ancienne.

Ikkyu la cassa malencontreusement, et en fut fort embarrassé.

Entendant approcher son maître, il dissimula les morceaux de la tasse derrière son dos. Lorsque le maître apparut, il posa cette question : « Pourquoi devons-nous mourir ? »

— C'est naturel, répondit le vieil homme, toute chose ne vit qu'un temps et meurt.

Ikkyu, montrant alors les morceaux de la tasse cassée, ajouta : « Cette tasse a fait son temps. »

86. Le Bouddha vivant et le tonnelier

Les maîtres Zen dispensent un enseignement privé en s'enfermant dans une pièce. Personne ne doit entrer pendant que le maître et son disciple sont ensemble.

Mokurai, le maître du temple de Kennin à Kyoto, aimait converser avec toutes sortes de gens. Il appréciait tout autant la compagnie des marchands et des chroniqueurs que celle de ses élèves. Il fréquentait notamment un certain tonnelier presque illettré; celui-ci posait des questions absurdes, buvait son thé et s'en allait.

Un jour où ce dernier se trouvait là, Mokurai voulut rester seul avec un disciple; aussi demanda-t-il au tonnelier de quitter la pièce.

« Je comprends que tu es un Bouddha vivant, protesta l'homme, les Bouddhas de pierre, eux, ne refusent jamais leurs nombreux visiteurs. Pourquoi donc devrais-je partir? »

Molurai dut sortir pour s'entretenir avec son disciple.

87. Trois sortes de disciples

Le maître Gettan vivait à la fin de la dynastie des Tokugawa. Il disait souvent : « Il y a trois sortes de disciples; ceux qui transmettent le Zen à d'autres, ceux qui entretiennent le temple et les autels et enfin, les sacs à riz et les porte-manteaux. »

Gasan disait la même chose. Lorsqu'il étudiait sous la direction de Takisui, celui-ci, fort sévère, le battait parfois. Bien d'autres n'auraient pu supporter un tel traitement et seraient partis, mais Gasan restait et disait : « Un mauvais disciple se sert de l'influence de son maître. Un disciple normal loue la gentillesse de son maître. Un bon disciple devient fort sous la discipline de son maître. »

88. Comment écrire un poème chinois

On demanda à un poète japonais fort célèbre comment composer un poème chinois.

« Un poème chinois est généralement constitué de quatre vers, expliqua-t-il, le premier contient la phrase initiale ; le second représente la continuation de ce mouvement ; le troisième entame un autre sujet ; et le quatrième donne un sens aux trois autres. Une chanson populaire japonaise illustre cette méthode :

> Les deux filles d'un marchand de soie vivent à Kyoto.
> L'aînée a vingt ans, le cadette, dix-huit.
> Si les soldats tuent de leur épée,
> Ces filles, elles, assassinent les hommes de leurs yeux. »

89. Dialogue Zen

Les maîtres Zen apprennent à leurs jeunes élèves à s'exprimer de façon personnelle.

Deux temples Zen avaient chacun leur petit protégé. Chaque matin, l'un des enfants, chargé d'aller chercher des légumes, rencontrait l'autre en chemin.

Un jour celui-ci demanda :
— Où vas-tu ?
— Je vais où mes pieds me mènent, répondit l'autre.

Cette réponse troubla l'enfant, qui alla soumettre ce problème à son maître.

— Demain matin, lorsque tu verras ce petit garçon, pose-lui la même question, dit le maître. Il répondra la même chose, alors tu lui demanderas : « Et si tu n'avais pas de pieds, où irais-tu ? Voilà qui l'embarrassera. »

Le lendemain matin, les enfants se retrouvèrent.
— Où vas-tu ? demanda le premier.
— Je vais où le vent souffle, répondit l'autre.

L'enfant fut encore une fois déconcerté. Il rapporta à son maître sa déconvenue. « Demande-lui où il irait s'il n'y avait pas de vent », lui suggéra le maître.

Le lendemain, l'enfant posa de nouveau la question. L'autre répondit :
— Je vais au marché acheter des légumes.

90. Le dernier coup

Dès son plus jeune âge, Tangen avait étudié avec le maître Sengai. A vingt ans, il souhaita le quitter pour aller voir d'autres maîtres et comparer leurs méthodes. Mais Sengai ne le lui permit pas. Chaque fois que Tangen parlait de ce désir, le maître lui donnait un coup sur la tête.

En désespoir de cause, le jeune homme demanda à un moine plus âgé d'intervenir en sa faveur. Le moine revint trouver Tangen et lui dit : « C'est arrangé. Tu peux commencer ton pèlerinage dès maintenant. »

Tangen s'en alla remercier Sengai de son autorisation. Le maître le frappa à nouveau.

Lorsque Tangen raconta cela au moine qui l'avait aidé, celui-ci s'exclama : «Sengai n'a pas le droit de revenir ainsi sur sa décision. Je vais le lui dire de ce pas. » Et il repartit voir le moine.

« Je n'ai pas changé d'avis, dit Sengai, je voulais juste le frapper une dernière fois. Car lorsqu'il reviendra, il aura la lumière, et je ne pourrai alors plus le punir. »

91. Le goût du sabre de Banzo

Matajuro Yagyu était le fils d'un maître d'armes fort célèbre. Ce dernier, estimant que son fils n'était pas apte à se consacrer à cet art, le répudia.

Matajuro partit alors au mont Futara pour voir le fameux maître de sabre Banzo. Mais Banzo confirma le jugement de son père.

— Tu veux apprendre l'escrime avec moi, dit-il, mais tu ne remplis pas les conditions requises.

— Et si je travaille dur, combien me faudra-t-il de temps pour devenir un maître ? insista le jeune homme.

— Le restant de tes jours, répondit Banzo.

— Je ne peux attendre aussi longtemps, lui dit Matajuro, je suis prêt à tout supporter, pourvu que tu veuilles bien m'instruire. Si je deviens ton serviteur dévoué, combien d'années me faudra-t-il ?.

— Dix ans, peut-être, répondit à contrecœur Banzo.

— Mon père se fait vieux et il me faudra bientôt prendre soin de lui, continua Matajuro, si je travaille encore plus intensivement, combien de temps me faudra-t-il ?

— Oh, peut-être trente ans.

— Qu'est-ce que c'est que ça ? s'écria Matajuro, d'abord tu me dis dix ans, après, trente. Je ferai n'importe quoi pour maîtriser cet art le plus vite possible.

— Bien, dit Banzo, dans ce cas, il te faudra rester avec moi soixante-dix ans. Un homme aussi pressé que toi d'avoir des résultats n'apprend jamais très vite.

— Très bien, déclara le jeune homme, comprenant enfin qu'il était rejeté pour son impatience, je suis d'accord.

Il fut interdit à Matajuro de parler d'escrime et de toucher à un sabre. Il cuisinait pour son maître, lavait la vaisselle, faisait son lit, nettoyait la cour, sans que jamais fût prononcé le moindre mot à propos d'escrime.

Trois années passèrent. Matajuro continuait à travailler en songeant tristement à son avenir. Il n'avait même pas commencé à étudier l'art auquel il avait consacré sa vie.

Mais un jour, Banzo surgit derrière lui et le frappa violemment d'un sabre en bois.

Le jour suivant, alors que Matajuro faisait cuire du riz, Banzo le surprit à nouveau.

Par la suite, jour et nuit, Matajuro eut à se défendre d'attaques inattendues. Il lui fallait deviner à tout moment quand et où il goûterait du sabre de Banzo. Il apprit si rapidement que son maître en sourit de contentement.

Matajuro devint ainsi le plus grand maître d'armes du pays.

92. Le Zen à coups de tisonnier

Hakuin avait l'habitude de faire devant ses élèves l'éloge d'une vieille femme, qui tenait une boutique de thé, pour sa remarquable compréhension du Zen.

Les élèves, refusant de le croire, décidèrent un jour d'aller trouver cette femme, afin de vérifier les dires du maître.

Quand elle les vit arriver, la vieille femme sut tout de suite pour quelles raisons ils venaient. S'ils avaient voulu du thé, elle les aurait servis gracieusement. Mais dans le cas présent, devinant qu'ils voulaient juger de sa compréhension du Zen, elle leur fit signe de venir dans l'arrière-boutique ; et là, elle les frappa d'un tisonnier.

Sur les dix, un seul d'entre eux put échapper à ses coups.

93. Le conteur et le Zen

Encho était un grand conteur. Quand il racontait des histoires d'amour, il savait aller droit au cœur de son auditoire. Lorsqu'il racontait les histoirs de guerre, ceux qui l'écoutaient se croyaient sur un champ de bataille.

Un jour, Encho rencontra un profane du nom de Yamaoka Tesshu, pour qui le Zen n'avait presque plus de secrets.

« On raconte, dit Yamaoka, que tu es le meilleur conteur du pays et que tu peux faire rire et pleurer les gens. Mon histoire favorite est celle de *Peau de Pêche*. Raconte-la moi. Lorsque j'étais un petit enfant, ma mère me narrait souvent ce conte et je m'endormais au milieu. Raconte-moi cette histoire, tout comme ma mère le faisait. »

Encho hésita et demanda un certain temps de réflexion. Quelques mois plus tard, il s'en retourna voir Yamaoka et lui dit :

— Me permets-tu de raconter l'histoire de *Peau de Pêche* ?

— Un autre jour, répondit Yamaoka.

Encho, fort déçu, continua à étudier et renouvela sa demande de nombreuses fois. Dès qu'il adressait la parole à Yamaoka, celui-ci arrêtait aussitôt le conteur pour lui dire : « Tu n'y es pas encore. »

Il fallut à Encho cinq ans pour pouvoir enfin raconter l'histoire exactement comme la mère de Yamaoka le faisait.

C'est de cette manière que Yamaoka transmit le Zen à Encho.

94. L'excursion de minuit

De nombreux élèves étudiaient la méditation avec le maître Zen Sengai. L'un d'entre eux avait l'habitude de se lever la nuit, d'escalader le mur du temple, et d'aller faire la fête en ville.

Sengai, un jour où il faisait l'inspection des dortoirs, découvrit l'absence de l'élève et remarqua le haut tabouret dont celui-ci s'était servi pour franchir le mur. Sengai enleva le tabouret et s'y mit à la place.

Le fugueur revint de sa petite expédition. Ignorant que Sengai faisait office de tabouret, il posa son pied sur sa tête et sauta à terre. Il réalisa alors avec effarement ce qu'il venait de faire.

Sengai dit : « Il fait très froid au petit matin. Ne fais pas comme moi, évite de t'enrhumer. »

Ce fut la dernière escapade de l'élève.

95. Lettre à un mourant

Bassui écrivit une lettre à un de ses disciples qui était sur le point de mourir. Il disait :

L'essence de ton esprit, n'étant pas née, ne mourra pas. Elle n'est pas comme l'existence, qui est périssable, ni comme la vacuité, qui est un simple vide.

L'essence n'a ni couleur, ni forme. Elle ne connaît ni plaisir, ni douleur.

Je sais que tu es très malade. En bon disciple que tu es, tu regardes ta maladie en face. Il se peut que tu ne saches pas très bien qui souffre. Alors interroge-toi : quelle est l'essence de cet esprit ? Ne pense qu'à cela. Tu n'as besoin de rien d'autre. Ne convoite rien. Ta fin est sans fin, tel un flocon de neige qui se dissout dans l'air pur.

96. Une goutte d'eau

Le maître Zen Gisan demanda à un jeune étudiant de lui apporter un seau pour refroidir son bain.

L'étudiant s'exécuta. Une fois le bain refroidi, il versa par terre l'eau qui restait dans le seau.

« Imbécile!, s'écria le maître, en colère, pourquoi n'as-tu pas donné cette eau aux plantes ? Quel droit as-tu de gaspiller ainsi une seule goutte d'eau dans ce temple ? »

A cet instant, le jeune homme fut illuminé, il se fit désormais appeler Tekisul, qui signifie : une goutte d'eau.

97. L'enseignement de l'absolu

Autrefois, on utilisait au Japon des lanternes faites de bambou et de papier, avec des bougies à l'intérieur. Un aveugle qui se trouvait un soir chez un ami, se vit proposer une lanterne pour rentrer chez lui.

— Je n'en ai pas besoin, dit-il, pour moi, la lumière et l'obscurité sont identiques.

— Je sais que tu n'as pas besoin d'une lanterne pour trouver ton chemin, répondit son ami, mais si tu n'en as pas, on peut te bousculer.

L'aveugle se mit en route et, à peine avait-il fait quelques pas, que quelqu'un le heurta brutalement.

— Regarde où tu marches, dit l'aveugle à l'étranger, ne vois-tu pas ma lanterne ?

— Ta bougie est éteinte, mon frère, répondit l'étranger.

98. Le refus de tout attachement

Kitano Gempo, supérieur du temple d'Eihi, mourut en 1933, à l'âge de quatre-vingt-deux ans. Il avait essayé tout au long de sa vie de ne s'attacher à rien.

A vingt ans, alors qu'il était vagabond, il rencontra un voyageur qui fumait du tabac. Ils marchèrent ensemble le long d'une route de montagne et s'arrêtèrent sous un arbre pour se reposer. Le voyageur proposa à Kitano de fumer. Celui-ci, pour dissiper la faim qui le tenaillait, accepta.

«Comme il est agréable de fumer», dit-il. L'autre lui fit alors cadeau d'une pipe et de tabac, et ils se séparèrent. Kitano pensa: «De tels plaisirs peuvent troubler ma méditation. Il me faut arrêter avant d'y prendre goût.» Et il jeta son matériel de fumeur.

A l'âge de vingt-trois ans, il étudia le Yi-King, la plus profonde des théories de l'univers. C'était l'hiver, et il avait besoin de vêtements chauds. Il écrivit à son maître qui vivait à une centaine de kilomètres pour lui faire part de cette nécessité. Il confia la lettre à un voyageur.

L'hiver était presque terminé et il n'avait reçu ni réponse, ni vêtements. Kitano eut alors recours au Yi-King, qui était aussi une science de la divination, pour savoir si la lettre était bien arrivée. Ce n'était pas le cas. Par la suite, une lettre de son maître confirma son pressentiment; il n'y était pas question de vêtements.

«Si j'arrive à de tels résultats avec le Yi-King, je risque de négliger la méditation» se dit Kitano. Il abandonna alors l'enseignement merveilleux du Yi-King et n'eut plus jamais recours à ses pouvoirs.

A vingt-huit ans, il étudia la calligraphie et la poésie chinoise. Il y excella tant et si bien que son maître le félicita.

« Si je ne m'arrête pas maintenant, songea Kitano, je vais devenir un poète et non un maître Zen. » Et il n'écrivit plus jamais de poèmes.

99. Le vinaigre de Tosui

Tosui fut le premier maître Zen à abandonner les temples et leur formalisme pour aller vivre sous les ponts avec des mendiants. Lorsqu'il fut très vieux, une amie l'aida à gagner sa vie sans avoir à mendier. Il montra à Tosui comment faire du vinaigre à base de riz. Le maître vécut de cette activité jusqu'à sa mort.

Alors qu'il fabriquait ce vinaigre, l'un des mendiants lui donna une image de Bouddha. Tosui l'accrocha au mur de sa hutte et écrivit à côté ces quelques lignes :

Mr. Amida Bouddha, cette pièce est minuscule. Vous pouvez rester un certain temps. Mais ne croyez pas que je vous demande en échange de m'aider à renaître en votre paradis.

100. Le temple silencieux

Le maître Shoichi n'avait qu'un œil, qui brillait d'une gande lumière intérieure. Au temple de Tokufu où il enseignait, le silence absolu était de rigueur, nuit et jour. Le maître avait même aboli la récitation des sutras.

Les élèves n'avaient plus qu'à méditer.

Lorsque Shoichi mourut, un vieillard qui habitait à proximité du temple entendit sonner les cloches et réciter des sutras. Il sut alors que le maître était mort.

101. Le Zen du Bouddha

Le Bouddha disait :

« Je considère la position des rois et de tous ceux qui gouvernent comme celle des grains de poussière. Je regarde l'or et les joyaux du même œil que les haillons. Je vois les myriades de planètes qui composent l'univers comme les graines d'un fruit, et le plus grand lac de l'Inde comme une goutte d'huile. Je perçois les enseignements de ce monde comme illusions de magiciens. La plus haute conception d'émancipation m'apparaît comme une tapisserie de fils d'or vue en rêve, et le chemin sacré des êtres illuminés comme le reflet des fleurs dans l'œil de celui qui les regarde. Je vois la méditation comme la cime d'une montagne, et le Nirvana comme un cauchemar en plein jour. Je considère la discrimination du bien et du mal comme la danse serpentine d'un dragon, la naissance et le déclin des croyances comme les simples traces laissées par les quatre saisons. »

LA PORTE SANS PORTE

de Ekai, dit Mu-mon
Transcrit par Nyogen Senzaki et Paul Reps

Traduit de l'anglais par Pierre-André Dujat

Si vous aimez les sucreries et la vie facile, passez ce livre : il parle d'hommes qui sont immensément résolus à renaître, à connaître le *satori*, l'illumination.

Cela peut vous arriver. En un éclair, quelque chose ouvre. Vous êtes radicalement nouveau. Vous voyez le même monde, différent, avec des yeux neufs.

Cette force qui renouvelle l'univers vient par la grâce, non par la logique. Qui que vous soyez, où que vous soyez, cela ne fait guère de différence. Cela n'a pas de sens. Cela *vous* fait.

Les vieux Chinois inventaient des problèmes appelés *koans* afin de couper court à l'ivresse verbale et à l'errance mentale de leurs élèves. Lorsqu'ils faisaient méditer ceux-ci sur un koan, c'était une autre façon de dire : « Ne gâchez pas votre vie en ne faisant que raisonner ; canalisez la pensée et le sentiment vers un seul but — alors, laissez cela arriver. »

Cet art de se tourner vers sa propre lumière a-t-il été perdu ? Il ne mérite pas de l'être si vous y appliquez votre mental, et tout ce que vous avez d'autre. Si les meneurs du monde étaient plus conscients, ils pourraient moins exploiter les autres lorsque, par hasard, leurs pouvoirs deviennent moindres.

Ces vieux Chinois complimentaient leurs étudiants par la critique, et même par des coups. Lorsqu'ils les félicitaient, cela signifiait en général qu'ils les rabaissaient : c'était la coutume. Ils se préoccupaient profondément d'eux, mais le montraient par leur présence, non par des mots. Ils étaient forts, ils provoquaient des bouleversements. Ils posaient des questions auxquelles la seule réponse était son être total. Quelle est la juste réponse à un koan ? Il y en a beaucoup de justes, et en même temps, il n'y en a aucune. Au Japon, il y même un livre qui donne les réponses propres à ces « ouvre-mental » : quelle dérision !

Car le koan lui-même est la réponse, et, le temps que vienne la réponse juste, le Zen est mort.

Le texte qui suit est une adaptation de la préface à la première édition de ce livre en anglais.

L'enseignement du Bouddha se répandit en Inde cinq cents ans avant Jésus-Christ et un millier d'années avant Mahomet. Le Bouddhisme s'inscrivit dans le courant des grandes fois du monde longtemps avant le Christianisme et l'Islam.

Des traducteurs indiens et chinois, de génération en génération, travaillèrent ensemble à la version en chinois des écritures bouddhiques à partir du premier siècle de l'ère chrétienne. Mais l'essence de l'enseignement du Bouddhisme fut diffusée d'Inde

La porte sans porte

en Chine vers 520 avant Jésus-Christ par Bodhidharma, connu comme le premier patriarche du Zen, qui, en s'asseyant en silence, hérita de la sagesse de l'illumination du Bouddha dont il fut le successeur. Cette sagesse se déploya ainsi à travers de nombreuses générations et c'est ainsi que le Zen pénétra, fut nourri et se répandit à travers la Chine et finalement au Japon.

Le mot japonais « Zen » — « Ch'an » en chinois, « Dhyana » en sanskrit — signifie « méditation ». Le Zen cherche, à travers la méditation, à réaliser ce que le Bouddha lui-même réalisa : l'émancipation du mental. Il propose une méthode de quête de soi, habituellement sous la conduite personnelle d'un maître.

Le Zen est sujet de nombreux textes classiques : ce livre est l'un d'eux. « Mu-mon-kan » — littéralement : « La Barrière Sans Porte » — fut consigné par le maître chinois Ekai, aussi nommé Mumon, qui vécut entre 1183 et 1260. Ce livre raconte les relations des anciens professeurs chinois avec leurs élèves et les moyens qu'ils utilisaient pour sublimer les tendances duelles, extraverties, généralisatrices et intellectualistes des étudiants, afin de les aider à réaliser leur vraie nature. Les problèmes ou défis intérieurs auxquels les maîtres confrontaient leurs élèves vinrent à être appelés « koans », et chacune des histoires suivantes est un koan en elle-même.

Ces histoires utilisent allègrement l'argot pour rendre vivant l'enseignement le plus subtil : la vision de son propre soi. Il convient d'interpréter les quelques épisodes de violence apparente comme une expression de vigueur et d'ardeur. Aucune de ces histoires ne prétend être logique. Elles se réfèrent à des états mentaux plutôt qu'à des mots. Si l'on ne comprend pas cela, on passe à côté du propos de ce texte. L'intention globale était d'aider l'élève à briser l'étroite coquille de son mental et d'atteindre une seconde naissance éternelle, le *satori*, l'illumination.

Chaque problème est une barrière : ceux qui ont l'esprit du Zen la franchissent. Ceux qui vivent dans le Zen comprennent un koan après l'autre, chacun à sa façon, comme s'ils voyaient le non-vu, et comme s'ils vivaient l'illimitable.

Mumon écrivit les mots suivants en introduction à son œuvre :

« Le Zen n'a pas de porte. Le but des mots du Bouddha est d'illuminer les autres. C'est pourquoi il convient que le Zen soit sans porte.

Maintenant, comment franchit-on cette « porte sans porte » ? Certains disent que tout ce qui entre par une porte n'est pas une richesse qui se transmet, et que tout ce qui est provoqué par l'aide d'une autre personne se dissoudra et périra probablement.

Dire de tels mots revient au même que soulever des vagues sur une mer sans vent, ou pratiquer une opération sur un corps sain. Si l'on s'attache à ce qu'ont dit les autres, ou si l'on tente de comprendre le Zen par l'explication, on est comme l'imbécile qui pense pouvoir décrocher la lune avec un bâton ou gratte son pied qui le démange en grattant la semelle de sa chaussure : ce sera impossible de toutes manières.

En l'an 1228, je faisais une conférence à des moines dans le temple de Ryusho à l'est de la Chine, et je relisais sur leur demande, d'anciens koans, m'efforçant de leur inspirer l'esprit Zen. Je voulais utiliser les koans comme un homme qui ramasse

La porte sans porte

une pierre pour frapper à une porte ; une fois la porte ouverte, la pierre est inutile et on la jette. Mes notes, cependant, furent rassemblées sans que je m'y attende, et formèrent quarante-huit koans, accompagnés de mon commentaire en vers et en prose sur chacun d'eux, bien que l'ordre dans lequel ils soient consignés ne soit pas cependant celui dans lequel ils furent racontés. J'ai appelé ce livre « La porte sans porte », en souhaitant que les étudiants le lisent comme un guide.

Si un lecteur est assez hardi pour approfondir sa méditation, aucune illusion ne pourra le troubler. Il deviendra illuminé, tout comme le furent les patriarches en Inde et en Chine, et probablement encore mieux. Mais s'il hésite un moment, il sera comme la personne qui guette le passage d'un cavalier d'une petite fenêtre, cligne les paupières et manque le cavalier ».

Le grand chemin n'a pas de porte,
Des milliers de routes y pénètrent.
Celui qui passe par cette porte sans porte
Marche librement entre ciel et terre.

1. Le chien de Joshu

Un moine demanda à Joshu, un maître Zen chinois :
— Un chien a-t-il une nature de Bouddha ?
— Mu, répondit Joshu. (En chinois, mu est le symbole négatif signifiant « Rien »* ou « Pas ».)

Commentaire de Mumon : Pour réaliser le Zen, on doit passer par la barrière des patriarches. L'illumination ne survient qu'une fois le processus de la pensée enrayé. Si vous ne passez pas la barrière des patriarches, ou si le cheminement de votre pensée n'est pas arrêté, vos idées et vos actes, quels qu'ils soient, demeureront vagues et confus. Vous pouvez demander : « Qu'est-ce qu'une barrière de patriarche ? » La réponse est ce seul mot : Mu.

Ce mot est la barrière du Zen : si vous la franchissez, vous verrez Joshu face à face. Vous pourrez alors travailler main dans la main avec toute la lignée des patriarches. N'est-ce-pas là une chose agréable ?

Si vous voulez passer cette barrière, vous devez travailler avec chaque os de votre corps, avec chaque pore de votre peau, plein de cette question : « Qu'est-ce que Mu ? », et la porter en vous jour et nuit. Ne croyez pas que ce soit le symbole négatif commun signifiant rien. Ce n'est pas le néant, l'opposé de l'existence. Si vous voulez réellement passer cette barrière, vous devez avoir l'impression de boire une boule de fer rouge que vous ne pouvez ni avaler, ni recracher.

Alors votre connaissance antérieure sans valeur disparaît. Ainsi qu'un fruit mûrit en saison, sub-

---

En anglais : No-thing.

jectivité et objectivité deviennent naturellement une. Tout comme un muet qui a fait un rêve : il le connaît, mais il ne peut le raconter.

Quand il pénètre cette condition, sa coquille-égo est brisée, et il peut secouer le ciel et remuer la terre. Il est comme un grand guerrier muni d'un sabre bien affûté. Si un Bouddha se dresse sur son chemin, il l'abattra ; si un patriarche lui présente un obstacle quelconque, il le tuera. Et il sera libre du cycle de la naissance et de la mort. Il peut entrer dans n'importe quel monde comme si c'était son propre terrain de jeu. Je vous dirai comment y parvenir grâce à ce koan :

Concentrez simplement toute votre énergie dans ce Mu, sans interruption. Si vous vous y efforcez sans discontinuité, ce que vous atteindrez sera comme une chandelle qui brûle, illuminant tout l'univers.

> *Un chien a-t-il une nature de Bouddha ?*
> *C'est la question la plus sérieuse de toutes.*
> *Si vous dites « oui » ou « non »,*
> *Vous perdez votre propre nature de Bouddha.*

2. Le renard de Hyakujo

Un vieil homme assistait aux discours de Hyakujo sur le Zen sans être vu des moines. A la fin de chaque séance, les moines se retiraient, et lui de même. Mais un jour, il resta après leur départ, et Hyakujo lui demanda :

— Qui es-tu ?

Le vieil homme répondit :

— Je ne suis pas un être humain, mais j'étais un être humain quand le Kashapa Bouddha prêchait en ce monde. J'étais un maître Zen et je vivais sur cette montagne. A cette époque, un de mes étudiants me demanda si l'homme illuminé était ou non soumis à la loi de causalité. Je lui répondis : « L'homme illuminé n'est pas soumis à la loi de causalité ». Pour cette réponse, qui était la preuve d'un attachement à l'absolu, je devins un renard pour cinq cents renaissances, et je suis encore un renard. Me délivreras-tu de cette situation avec tes paroles Zen, et me laisseras-tu sortir du corps d'un renard ? Alors, puis-je te demander : « L'homme illuminé est-il soumis à la loi de causalité ? »

Hyakujo dit :

— L'homme illuminé est un avec la loi de causalité.

Aux mots de Hyakujo le vieil homme fut illuminé.

— Je suis délivré, annonça-t-il, rendant hommage d'une profonde révérence, je ne suis plus un renard, mais je dois quitter mon corps dans ma demeure, de l'autre côté de la montagne. Je te prie de me célébrer des funérailles de moine.

Et il disparut.

Le lendemain, par l'intermédiaire du moine supérieur, Hyakujo donna l'ordre de préparer les funérailles d'un moine.

— Personne n'était malade à l'infirmerie, que veut dire notre professeur ? se demandèrent les moines.

Après le dîner, Hyakujo conduisit les moines vers la montagne. Dans une caverne, il ramassa avec son bâton la dépouille d'un vieux renard et célébra la cérémonie de la crémation.

Ce soir-là, Hyakujo fit un discours aux moines et leur raconta cette histoire sur la loi de causalité.

Obaku prêta une grande attention au récit et demanda à Hyakujo :

— Je comprends qu'il y a longtemps une certaine personne devint renard pour cinq cents renaissances parce qu'elle avait donné une mauvaise réponse Zen. Maintenant je veux demander : Si l'on pose de nombreuses questions à un maître moderne et qu'il donne toujours la réponse juste, qu'adviendra-t-il de lui ? »

Hyakujo dit :

— Toi, viens ici près de moi, et je te le dirai.

Obaku vint près de Hyakujo et gifla la face du maître car il savait que c'était la réponse que son maître avait l'intention de lui donner.

Hyakujo applaudit et rit de son discernement.

— Je pensais qu'un Persan avait une barbe rouge, et maintenant je connais un Persan qui a une barbe rouge.

Commentaire de Mumon : « L'homme illuminé n'est pas assujetti » : comment cette réponse peut-elle faire d'un moine un renard ?

L'homme illuminé est un avec la loi de causalité » : comment cette réponse peut-elle délivrer le renard ?

Pour comprendre cela clairement, on doit avoir juste un œil.

Assujetti, non assujetti ?
Les mêmes dés montrent deux côtés.
Non assujetti, assujetti ?
Tous deux sont une grave erreur.

La porte sans porte

3. Le doigt de Gutei

Dès qu'on lui posait une question sur le Zen, Gutei levait son doigt. Un garçon de l'assistance se mit à l'imiter.

Quand quelqu'un lui demandait sur quoi son maître avait prêché, le garçon levait son doigt. Gutei eut vent de la malice. Il attrapa le garçon et lui coupa le doigt. Celui-ci pleura et partit en courant. Guteil l'appela et il s'arrêta. Lorsqu'il tourna son visage vers Gutei, celui-ci leva son propre doigt. En cet instant, le garçon fut illuminé.

Quand Gutei fut sur le point de quitter ce monde, il rassembla ses moines autour de lui :

— J'ai atteint le Zen à l'aide d'un seul doigt par mon professeur Tenryu, dit-il et je n'ai jamais pu l'épuiser au cours de toute ma vie. Puis il mourut.

Commentaire de Mumon : L'illumination, que Gutei et le garçon atteignirent, n'a rien à voir avec un doigt. Si vous vous attachez au doigt, Tenryu sera tellement déçu qu'il anéantira Gutei, le garçon et vous-même tous ensemble.

> *Gutei rabaisse la valeur de l'enseignement de Tenryu,*
> *En émancipant le garçon avec un couteau.*
> *Comparé au dieu chinois qui écarta une montagne d'une seule main,*
> *Le vieux Gutei est un piètre imitateur.*

4. Un étranger sans barbe

Wakuan se plaignit quand il vit une image de Bodhidharma barbu :
— Pourquoi ce type n'a-t-il pas de barbe ?

Commentaire de Mumon : Si tu veux étudier le Zen, tu dois l'étudier avec ton cœur. Quand tu parviens à te réaliser, ce doit être une réalisation véritable. Tu dois avoir toi-même le visage du grand Bodhidharma pour le voir. Si tu l'aperçois ainsi juste une fois, c'est suffisant. Mais si tu dis que tu l'as rencontré, c'est que tu ne l'as jamais vu.

> *On ne devrait pas discuter d'un rêve*
> *Devant un idiot.*
> *Pourquoi Bodhidharma n'a-t-il pas de barbe ?*
> *Quelle question absurde ?*

5. Kyogen grimpe à l'arbre

Kyogen a dit : « Le Zen est comme un homme qui s'accroche à un arbre par les dents au-dessus d'un précipice. Ses mains ne s'agrippent à aucun rameau, ses pieds ne reposent sur aucune branche, et sous l'arbre, quelqu'un lui demande : « Pourquoi Bodhidharma est-il venu d'Inde en Chine ? » S'il ne lui répond pas, il échoue ; et s'il répond, il tombe et perd la vie. Alors, que doit-il faire ? »

Commentaire de Mumon : Dans une situation aussi fâcheuse, l'éloquence la plus talentueuse n'est d'aucune utilité. Si vous avez tous les sutras en

La porte sans porte 115

mémoire, vous ne pouvez pas vous en servir. Quand vous pouvez donner la réponse juste, bien que votre route passée soit celle de la mort, vous ouvrez une nouvelle route de vie. Mais si vous ne pouvez répondre, vous devrez vivre des siècles ici-bas et questionner le futur Bouddha, Maitreya.

> *Kyogen est vraiment un fou*
> *De répandre ce poison qui tue l'égo*
> *Et clôt la bouche de ses élèves*
> *Et fait de leurs yeux morts un torrent de larmes.*

6. Le Bouddha fait tourner une fleur

Lorsque le Bouddha était sur la montagne de Grdhrakuta, il fit tourner une fleur entre ses doigts et la tendit à ceux qui l'écoutaient. Chacun resta silencieux. Seul Maha-Kashapa sourit à cette révélation, bien qu'ayant essayé de contrôler les traits de son visage.

Le Bouddha dit :

— J'ai l'œil de l'enseignement véritable, le cœur du Nirvana, l'aspect véritable du sans-forme, et l'ineffable foulée du Dharma. Ce n'est pas exprimable par des mots, mais transmis spécialement au-delà de l'enseignement. Cet enseignement-là, je l'ai transmis à Maha-Kashapa.

Commentaire de Mumon : Gautama au visage doré pensait qu'il pouvait duper n'importe qui. Il roulait les bons auditeurs comme les mauvais, et vendait de la viande de chien pour du mouton. Et lui-même pensait que c'était merveilleux. Et si toute l'assistance avait éclaté de rire? Comment aurait-il pu transmettre l'enseignement? Et là encore, si Maha-Kashapa n'avait pas souri, comment aurait-il fait? S'il dit que la réalisation peut être transmise, il est comme l'escroc des villes qui arnaque celui des champs, et s'il dit qu'elle est intransmissible, pourquoi admet-il Maha-Kashapa?

En faisant tourner une fleur,
Sa feinte fut découverte.
Personne au ciel ou sur terre ne peut surpasser
Le visage ridé de Maha-Kashapa.

7. Joshu lave le bol

Un moine s'adressa à Joshu :
— Je viens d'entrer au monastère. S'il te plaît, instruis-moi.
Joshu demanda :
— As-tu mangé ta soupe au riz?
Le moine répliqua :
— Je l'ai mangée.
— Alors, dit Joshu, tu ferais mieux de laver ton bol!
A ce moment, le moine fut illuminé.

Commentaire de Mumon : Joshu est l'homme qui, ouvrant la bouche, montre son cœur. Je doute que ce moine voyait réellement le cœur de Joshu. J'espère qu'il ne prenait pas la cloche pour la citerne.

> *C'est trop clair, aussi est-ce difficile à voir.*
> *Un idiot chercha une fois du feu avec une lanterne allumée.*
> *S'il avait su ce qu'était le feu,*
> *Il aurait pu cuire son riz beaucoup plus tôt.*

8. La roue de Keichu

Getsuan dit à ses étudiants :
— Keichu, le premier fabricant de roues en Chine, fit deux roues ayant cinquante rayons chacune. Maintenant, supposez que vous ayez ôté le moyeu qui unit les rayons. Qu'advient-il de la roue ? Et si Keichu avait fait cela, pourrait-il être appelé maître-charron ?

Commentaire de Mumon : Si quelqu'un peut immédiatement répondre à cette question, ses yeux seront comme une comète, et son esprit tel un éclair de foudre.

> *Lorsque tourne la roue sans moyeu,*
> *Maître ou non maître peuvent l'arrêter.*
> *Elle tourne au-dessus du ciel et au-dessous de la terre,*
> *Au sud, au nord, à l'est, et à l'ouest.*

9. Un Bouddha avant l'histoire

Un moine demanda à Seijo :
— J'ai appris qu'un Bouddha, qui vécut avant l'Histoire écrite, s'assit en méditation pour dix cycles d'existence, ne parvint pas à réaliser la vérité la plus haute, et ne put donc pas se libérer pleinement. Pourquoi en a-t-il été ainsi ?
— Ta question est une explication en elle-même, répliqua Seijo.
— Puisque le Bouddha était en méditation, pourquoi n'a-t-il pu accomplir la bouddhéité ?, demanda le moine.
Seijo dit :
— Il n'était pas un Bouddha.

Commentaire de Mumon : Je veux bien admettre son accomplissement, mais pas sa compréhension. Quand un ignorant parvient à s'accomplir, c'est un saint. Quand un saint commence à comprendre, c'est un ignorant.

> *Il vaut mieux réaliser l'esprit que le corps.*
> *Quand l'esprit est réalisé, on n'a pas besoin*
> *de se soucier du corps.*
> *Quand l'esprit et le corps deviennent un,*
> *L'homme est libre. Alors il ne désire aucune*
> *louange.*

10. Seizei seul et pauvre

Un moine nommé Seizei demanda à Sozan :
— Seizei est seul et pauvre : lui donneras-tu ton aide ?

La porte sans porte

Sozan demanda :
— Seizei ?
— Oui, Monsieur, répondit Seizei.
Sozan dit :
— Tu as le Zen, qui est le meilleur vin de Chine, et tu en as déjà fini trois coupes, pourtant tu persistes à dire qu'elles n'ont même pas mouillé tes lèvres !

Commentaire de Mumon : Seizei en rajoutait ! Pourquoi cela ? Parce que Sozan avait des yeux pour voir et savait avec qui il traitait. Pourtant, je veux demander : « Dans quelle mesure Seizei but-il du vin ? »

> *L'homme le plus pauvre de Chine,*
> *L'homme le plus courageux de Chine,*
> *Possède à peine de quoi se sustenter,*
> *Et pourtant son souhait est de rivaliser avec le plus prospère.*

11. Joshu éprouve un moine en méditation

Joshu se rendit sur le lieu où un moine s'était retiré pour méditer, et lui demanda :
— Qu'est-ce que ce qui est !
Le moine leva son poing.
Joshu répliqua :
— Où l'eau est trop peu profonde, les vaisseaux ne peuvent demeurer.
Et il partit.
Quelques jours plus tard, Joshu revint visiter le moine et lui posa la même question.

Le moine répondit de la même manière.
Joshu dit :
— Bien donné, bien pris, bien tué, bien sauvé.
Et il salua le moine en s'inclinant.

Commentaire de Mumon : Le moine leva le poing pareillement au cours des deux visites. Comment se fait-il que Joshu ne l'approuva pas la première fois et qu'il l'agréa la seconde ? Où est l'erreur ?

Quiconque répond à cela sait que la langue de Joshu est bien pendue : il peut donc en user librement. Cependant, Joshu a peut-être tort. Ou bien peut-être a-t-il découvert sa méprise grâce à ce moine.

Si vous pensez que l'intuition de l'un dépasse celle de l'autre, vous n'avez pas d'yeux.

> *La lumière des yeux est comme une comète,*
> *Et l'activité du Zen est comme l'éclair.*
> *Le sabre qui tue l'Homme*
> *Est le sabre qui sauve l'homme.*

12. Zuigan s'appelle lui-même « Maître »

Zuigan s'appelait lui-même chaque matin : « Maître ! ».

Puis il se répondait : « Oui, Monsieur. »

Ensuite, il ajoutait : « Deviens sobre. »

De nouveau il se répondait : « Oui, Monsieur. »

« Et après ça, continuait-il, ne sois pas la dupe des autres ».

« Oui, Monsieur : oui, Monsieur », se répondait-il.

Commentaire de Mumon : Le vieux Zuigan se vend et s'achète lui-même. Il monte un théâtre de marionnettes, prenant un masque qui appelle « Maître ! » et un autre qui répond au maître. Un masque encore différent ordonne : « sois sobre », et le suivant conseille : « Ne te fais pas duper par les autres ». Celui qui s'attache à l'un ou l'autre de ces masques est trompé : et s'il imite Zuigan, il se fera lui-même renard.

> *Certains étudiants du Zen ne voient pas l'homme vrai sous un masque*
> *Parce qu'ils reconnaissent l'âme-égo.*
> *L'âme-égo est la graine de la naissance et de la mort,*
> *Et les insensés l'appellent l'homme vrai.*

13. Tokusan garde son bol

Sortant du pavillon de méditation, Tokusan alla au réfectoire, son bol à la main. Seppo était en train de faire la cuisine. Quand il rencontra Tokusan, il lui dit :

— Le tambour n'a pas encore annoncé le dîner. Où vas-tu avec ton bol ?

Tokusan retourna donc à sa chambre.

Seppo en parla à Ganto, qui déclara :

— Le vieux Tokusan n'a pas compris la vérité ultime.

Ayant appris cela, Tokusan demanda à Ganto de venir le voir :

— J'ai entendu dire que tu n'approuves pas mon Zen, lui dit-il. Ganto l'admit indirectement. Tokusan ne souffla mot.

Le lendemain, Tokusan donna aux moines une conférence d'un genre entièrement différent. Ganto se mit à rire et à applaudir, disant :
— Je vois que notre vieillard comprend effectivement la vérité ultime. En Chine, nul ne peut le surpasser.

Commentaire de Mumon : Quand ils parlent de la vérité ultime, Ganto et Tokusan ne l'ont même pas rêvée. Après tout, ce sont des pantins.

> *Celui qui comprend la vérité première*
> *Devrait comprendre la vérité ultime.*
> *Le dernier et le premier,*
> *Ne sont-ils pas identiques ?*

14. Nansen coupe le chat en deux

Nansen vit des moines des pavillons est et ouest se battre à propos d'un chat. Il saisit le chat et dit aux moines :
— Si l'un de vous dit une parole juste, vous pouvez sauver le chat.

Personne ne répondit. Nansen coupa donc hardiment le chat en deux.

Joshu revint ce soir-là, et Nansen lui raconta l'incident. Joshu ôta ses sandales, les mit sur sa tête, et sortit.

Nansen dit :
— Si tu avais été là, tu aurais pu sauver le chat.

Commentaire de Mumon : Pourquoi Joshu mit-il ses sandales sur la tête ? Celui qui répond à cette question comprendra exactement comment Nansen exécuta son arrêt. Sinon, il ferait bien de surveiller sa propre tête.

> *Si Joshu avait été là,*
> *Il aurait renversé la décision.*
> *Joshu brandit le sabre*
> *Et Nansen prie pour sa vie.*

15. Les trois coups de Tozan

Tozan alla voir Ummon. Ummon lui demanda d'où il venait.

— Je viens du village de Sato, répondit Tozan.

— Dans quel temple as-tu séjourné cet été ?

— Au temple de Hoji, au sud du lac.

— Et quand l'as-tu quitté ? demanda Ummon, intrigué de savoir pendant combien de temps Tozan continuerait ces réponses aussi factuelles.

— Le vingt-cinq août, répondit Tozan.

— Je devrais te donner trois coups de bâton, mais aujourd'hui, je te pardonne, dit Ummon.

Le lendemain Tozan s'inclina devant Ummon et lui demanda :

— Hier, tu m'as fait grâce de trois coups ; je ne sais pas pourquoi tu pensais que j'avais tort.

Ummon, qui refusait les réponses ternes de Tozan, lui dit :

— Tu es bon à rien ! Tu te promènes simplement d'un temple à un autre.

Avant qu'Ummon eût prononcé les derniers mots, Tozan fut illuminé.

Commentaire de Mumon : Ummon nourrit Tozan de bonne nourriture Zen. Si Tozan peut la digérer, Ummon peut ajouter un autre membre à sa famille. Dans la soirée, Tozan flotta dans la mer du bien et du mal, mais à l'aube, Ummon brisa sa coque de noix. Après tout, il n'était pas si malin.

Maintenant je veux demander : Tozan méritait-il les trois coups ? Si vous dites oui, non seulement Tozan, mais vous tous les méritez. Si vous dites non, Ummon ment. Si vous répondez clairement à cette question, vous pouvez digérer la même nourriture que Tozan.

> *La lionne éduque ses lionceaux sans les ménager ;*
> *Les lionceaux bondissent et elle les jette à terre.*
> *Quand Ummon vit Tozan, sa première flèche fut légère ;*
> *Sa seconde flèche pénétra profondément.*

16. Cloches et robes

Ummon demanda :
— Le monde est si vaste, pourquoi répondez-vous à une cloche, et revêtez-vous des robes de cérémonie ?

Commentaire de Mumon : Quand on étudie le Zen, on n'a pas besoin de suivre de son, de couleur ou

La porte sans porte

de forme. Même si certains ont connu la vision intérieure par une voix, ou à la vue d'une couleur ou d'une forme, c'est une voie très commune. Ce n'est pas le vrai Zen. L'étudiant du Zen véritable contrôle le son, la couleur, la forme, et réalise la vérité dans sa vie quotidienne.

Le son vient à l'oreille, l'oreille va au son. Lorsque vous effacez le son et le sens, que comprenez-vous ? Quand on écoute avec les oreilles, on ne peut jamais comprendre. Pour comprendre intimement, on devrait voir le son.

> *Lorsque vous comprenez, vous appartenez à la famille ;*
> *Lorsque vous ne comprenez pas, vous êtes un étranger.*
> *Ceux qui ne comprennent pas appartiennent à la famille,*
> *Et quand ils comprennent, ils sont des étrangers.*

17. Les trois appels du précepteur de l'empereur

Chu, appelé Kokushi, le précepteur de l'empereur, appela son assistant :
— Oshin !
— Oui, répondit Oshin.
— Oshin ! répéta Chu pour mettre son élève à l'épreuve.
— Oui répéta Oshin.
— Oshin ! appela Chu.
— Oui, répondit Oshin.

Et Chu dit :
— Je devrais m'excuser auprès de toi pour tous ces appels, mais en réalité, ce serait à toi de t'excuser !

Commentaire de Mumon : Lorsque le vieux Chu appela trois fois Oshin, sa langue se rouillait ; mais lorsque Oshin répondit trois fois, ses mots brillaient.

Chu se faisait vieux et solitaire, et sa méthode d'enseignement revenait à tenir la tête d'une vache pour la nourrir de trèfle.

Oshin ne se trouble pas non plus pour montrer son Zen. Son estomac satisfait n'avait aucun désir de festin. Quand le pays est prospère, chacun est indolent ; quand la maison est riche, les enfants sont gâtés. Je vous demande maintenant : lequel devrait s'excuser ?

> *Quand les barreaux de la prison sont en fer et ne laissent pas passer la tête, le prisonnier est deux fois plus triste.*
> *Quand il n'y a pas de place pour le Zen dans la tête de notre génération, elle est en grande détresse.*
> *Si vous essayez de retenir la porte d'une maison qui s'écroule,*
> *Vous aussi vous aurez des difficultés.*

18. Les trois livres de Tozan

Un moine demanda à Tozan qui était en train de peser du lin :

La porte sans porte

— Qu'est-ce que le Bouddha ?
— Ce lin pèse trois livres, répondit Tozan.

Commentaire de Mumon : Le Zen du vieux Tozan ressemble à une palourde : à la minute où la coquille s'ouvre ; on peut voir tout l'intérieur. Cependant je veux vous poser cette question : voyez-vous le Tozan véritable ?

> *Trois livres de lin devant ton nez*
> *Assez près, et l'esprit est encore plus proche,*
> *Quiconque parle d'affirmation et de négation.*
> *Vit dans les limites du bien et du mal.*

19. La vie quotidienne est la voie

Joshu demanda à Nansen :
— Qu'est-ce que la voie ?
— La vie quotidienne est la voie, répondit Nansen.
— Peut-on l'étudier ?
— Si tu tentes de l'étudier, tu en seras très loin !
— Si je ne l'étudie pas, comment puis-je savoir que c'est la voie ?
— La voie n'appartient pas au monde de la perception, dit Nansen, ni, d'ailleurs, au monde de la non-perception. La connaissance est une illusion et la non-connaissance est insensée. Si tu veux atteindre le vrai chemin au-delà du doute, mets-toi dans la même liberté que le ciel. Le ciel, tu ne dis pas qu'il est bon ou mauvais.

A ces mots, Joshu fut illuminé.

Commentaire de Mumon : Nansen put faire fondre les doutes figés de Joshu immédiatement lorsque celui-ci posa ses questions. Je doute pourtant que Joshu ait atteint le même point que Nansen ; il lui fallut trente années d'études supplémentaires.

> *Au printemps, des centaines de fleurs ; en automne, la lune de la moisson ;*
> *En été, une brise rafraîchissante ; en hiver la neige t'accompagnera.*
> *Si les choses inutiles n'encombrent pas ton esprit*
> *Toute saison est belle pour toi.*

20. L'homme illuminé

Shogen demanda :
— Pourquoi l'homme illuminé ne prend-t-il pas la parole pour s'expliquer ? et il dit aussi :
— Un discours n'utilise pas nécessairement des mots.

Commentaire de Mumon : Shogen parla avec suffisamment de clarté, mais combien comprendront-ils ? Si quelqu'un a saisi, qu'il vienne me voir pour goûter de ma trique. Et pourquoi ? Pour tester l'or véritable, vous devez le regarder dans le feu.

> *Si les pieds de l'homme illuminé remuaient, le grand océan déborderait ;*
> *S'il inclinait la tête, il verrait les cieux d'en haut.*
> *Un tel corps n'a pas de lieu où se fixer...*
> *Qu'un autre continue ce poème.*

21. De la bouse séchée

Un moine demanda à Ummon :
— Qu'est-ce que le Bouddha ?
Ummon lui répondit :
— De la bouse séchée.

Commentaire de Mumon : Il me semble qu'Ummon est si pauvre qu'il ne peut distinguer le goût d'un aliment d'un autre, ou alors, qu'il est trop occupé pour écrire des lettres lisibles. Bon, il essayait de maintenir son école avec de la bouse séchée. Et son enseignement fut —de même— inutile.

> *L'éclair flamboie,*
> *Les étincelles pleuvent.*
> *En un clignement des yeux,*
> *La vision t'a échappé.*

22. Le signe de prêche de Kashapa

Ananda demanda à Kashapa :
— Le Bouddha t'a donné la robe dorée de la succession. Que t'a-t-il donné d'autre ?
— Ananda, dit Kashapa.
— Oui, frère, répondit Ananda.
— Maintenant tu peux descendre mon signe de prêche et dresser le tien.

Commentaire de Mumon : Si quelqu'un comprend cela, il verra que la vieille fraternité assemble encore. Sinon, il n'atteindra pas l'illumination, même s'il a recherché la vérité depuis des générations avant les Bouddhas.

> *Le fond de la question est ennuyeux, mais la réponse est intérieure.*
>
> *combien de personnes, en entendant ceci, ouvriront les yeux ?*
>
> *Le frère aîné appelle, et le jeune frère répond ;*
>
> *Ce printemps-là n'est pas une saison ordinaire*

23. Ne pense ni au bien, ni au mal

A son émancipation, le sixième patriarche reçut du cinquième patriarche le bol et la robe que les générations se sont transmises à la suite de Boudha.

Vert d'envie, un moine nommé E-myo poursuivit le patriarche pour lui dérober ce grand trésor. Le sixième patriarche posa la robe et le bol sur une pierre de la route et dit à E-myo :

— Ces objets ne sont qu'un symbole de la foi. Il est inutile de se battre pour eux. Si tu désires les prendre, prends-les tout de suite.

Quand E-myo voulut soulever le bol et la robe, ils étaient aussi lourds que des montagnes. Il ne parvint pas à les déplacer.

Tremblant de honte, il dit :

— Je suis venu parce que je voulais l'enseignement, non les trésors matériels. S'il te plaît, instruis-moi.

Le sixième patriarche dit :

— Quand tu ne penses ni au bien, ni au mal, quel est ton vrai « moi ? »

A ces mots, E-myo fut illuminé. La transpiration baigna son corps. Il pleura et se prosterna, disant :

— Tu m'as donné les mots et les sens secrets. Y-a-t-il un enseignement encore plus profond ?

Le sixième patriarche répondit :

— Ce que je t'ai dit n'est pas du tout un secret. Quand tu accomplis ta propre nature, le secret t'appartient.

E-myo déclara :

— J'ai vécu de nombreuses années sous la conduite du cinquième patriarche, sans pouvoir accomplir ma vraie nature. A travers ton enseignement, je trouve la source. Une personne boit de l'eau, et sait par elle-même si elle est chaude ou froide. Puis-je vous appeler mon précepteur ?

— Nous avons étudié ensemble sous la conduite du cinquième patriarche, répondit le sixième patriarche, appelle-le ton précepteur, mais garde simplement précieusement ce que tu as atteint.

Commentaire de Mumon : Le sixième patriarche fut certainement bien bon face à une telle éventualité. Cela se passa comme s'il avait épluché le fruit, en avait retiré les pépins, et, ayant ouvert la bouche de l'élève, l'avait laissé manger.

> *Tu ne peux la décrire, tu ne peux la dessiner,*
> *Tu ne peux l'admirer, tu ne peux la saisir par les sens,*
> *C'est ta vraie nature, elle ne peut se cacher nulle part.*
> *A la destruction du monde, elle ne sera pas détruite.*

24. Sans mots, sans silence

Un moine demanda à Fuketsu :
— Sans parler, sans être silencieux, comment puis-je exprimer la vérité ?
— Je me souviens toujours du printemps au sud de la Chine, remarqua Fuketsu, les oiseaux chantaient parmi d'innombrables variétés de fleurs parfumées.

Commentaire de Mumon : Fuketsu eut l'éclair du Zen. Dès que l'occasion se présentait, il le faisait flamboyer. Mais il ne le put cette fois-ci, et se contenta de citer un vieux poème chinois. Peu importe le Zen de Fuketsu.

Si vous voulez exprimer la vérité, rejetez vos mots, rejetez votre silence, et parlez-moi de votre propre Zen.

> *Sans révéler sa propre compréhension,*
> *Il offrit les mots d'un autre, pour ne pas donner les siens.*
> *S'il s'était mis à jacasser sans trêve,*
> *Même ses auditeurs auraient été embarrassés.*

25. Prêcher du troisième fauteuil

En rêve, Kyozan se rendit au Pays Pur de Maitreya. Il se reconnut, assis dans le troisième fauteuil, dans la demeure de Maitreya. Quelqu'un annonça : « Aujourd'hui, celui qui est assis dans le troisième fauteuil prêchera. »

Kyozan se leva, et, frappant du maillet, dit :
— La vérité de l'enseignement du Mahayana est transcendante, elle est au-delà des mots et de la pensée. Comprenez-vous ?

Commentaire de Mumon : Je vous le demande à vous, les moines : Kyozan prêcha-t-il ou non ?

Quand il ouvre la bouche, il est perdu, Quand il ferme la bouche, il est perdu. S'il hésite sans ouvrir ni fermer la bouche, il est à mille lieues de la vérité.

> *Dans la lumière du jour*
> *Encore dans un rêve, il parle d'un rêve.*
> *Monstre parmi les monstres,*
> *Il avait l'intention d'abuser la foule tout entière.*

26. Deux moines enroulent le rideau

Hogen, du monastère de Seiryo, était sur le point de faire un discours avant le dîner, lorsqu'il s'aperçut que le rideau de bambou, baissé pour la méditation, n'avait pas été relevé. Il le fit remarquer. Deux moines se levèrent dans l'assistance et enroulèrent le rideau.

Hogen, qui observait l'effort physique, dit :
— L'état du premier moine est bon, mais celui du second ne l'est pas.

Commentaire de Mumon : Je tiens à vous le demander : lequel de ces deux moines gagna, et lequel perdit ? Quiconque d'entre vous s'y connaît, verra que la faiblesse se trouve chez le maître. Mais je ne discute pas de gain ou de perte.

> *Quand le rideau est levé, le grand ciel s'ouvre,*
> *Cependant, le ciel n'est pas en accord avec le Zen.*
> *Il vaut mieux oublier le grand ciel*
> *Et s'abriter de tous les vents.*

27. Ce n'est ni l'esprit, ni le Bouddha, ni les choses

Un moine demanda à Nansen :
— Y a-t-il un enseignement que jamais aucun maître ne prêcha ?
— Oui, dit Nansen.
— Quel est-il ? demanda le moine.
— Ce n'est pas l'esprit, ce n'est pas le Bouddha, ce ne sont pas les choses.

Commentaire de Mumon : Le vieux Nansen se démunit de ses mots-trésors, ce qui a dû terriblement le bouleverser !

*Nansen était trop bon, il perdit son trésor.
En vérité, les mots n'ont aucun pouvoir.
Même si la montagne devient la mer,
Les mots ne peuvent ouvrir l'esprit d'un autre.*

28. Souffle la chandelle

Tokusan étudiait le Zen sous la conduite de Ryutan. Une nuit, il vint voir celui-ci et lui posa de nombreuses questions. Le précepteur dit :

— La nuit est avancée. Pourquoi ne pas t'en aller ?

Tokusan se prosterna donc et, ouvrant le rideau pour sortir, il remarqua :

— Il fait très sombre dehors.

Ryutan lui offrit une chandelle pour qu'il trouve son chemin. Au moment précis où Tokusan la prit, Tyutan souffla dessus. A cet instant, l'esprit de Tokusan s'ouvrit.

— Qu'as-tu atteint ? demanda Ryutan.

— Désormais, dit Tokusan, je ne douterai pas des paroles du précepteur.

Le lendemain, Ryutan fit son discours aux moines et leur dit :

— Je vois un moine parmi vous ; ses dents sont comme des sabres, sa bouche est comme un bol de sang. Si vous le frappez durement avec un gros bâton, il ne se retournera même pas pour vous regarder. Un jour, il gravira le plus haut sommet et portera là-haut mon enseignement.

Ce même jour, devant le pavillon des discours, Tokusan réduisit en cendres ses commentaires sur les sutras. Il dit :

— Aussi obscurs que soient ces enseignements, comparés à l'illumination, ils sont comme un seul cheveu dans le grand ciel. La connaissance complexe de ce monde a beau être profonde, comparée à cette illumination, elle est comme une goutte d'eau dans le vaste océan.

Puis il quitta ce monastère.

Commentaire de Mumon : Lorsqu'il était dans son pays, Tokusan n'était pas convaincu par le Zen, bien qu'il en ait entendu parler. Il pensa : « Ces moines du sud disent qu'ils peuvent enseigner le Dharma en dehors des sutras. Ils se trompent tous. Je dois les instruire. » Il partit donc pour le sud. Il advint qu'il s'arrêta près du monastère de Ryutan pour se rafraîchir. Une vieille femme qui était là, lui demanda :

— Que portes-tu de si lourd ?

— C'est un commentaire que j'ai fait sur le Sutra de Diamant après de nombreuses années de travail.

La vieille femme lui dit :

— J'ai lu ce sutra qui dit : « On ne peut retenir l'esprit passé, on ne peut retenir l'esprit présent, on ne peut retenir l'esprit futur. » Tu désires prendre du thé et quelques rafraîchissements : quel esprit proposes-tu d'utiliser ?

Tokusan en eut le souffle coupé. Finalement, il demanda à la femme :

— As-tu entendu parler d'un bon précepteur dans les environs ?

La vieille femme lui conseilla Ryutan, à moins de cinq milles de là. Il arriva donc à Ryutan en toute humilité, tout différent de ce qu'il était quand il avait commencé son voyage. Ryutan fut à son tour si bon qu'il oublia sa propre dignité. Ce fut comme asperger d'eau sale un ivrogne pour le rendre sobre. Après tout, cette comédie n'était pas nécessaire.

> *Une centaine d'auditions ne peuvent surpasser une vision,*
> *Mais après que vous ayez vu le précepteur, ce coup d'œil unique ne peut surpasser une centaine d'auditions.*
> *Son nez était très grand,*
> *Mais après tout, il était aveugle.*

29. Ni le vent, ni le drapeau

Deux moines discutaient à propos d'un drapeau. L'un soutenait :
— C'est le drapeau qui bouge.
L'autre maintenait :
— C'est le vent qui bouge.
Le sixième patriarche vint à passer par là. Il leur dit :
— Ce n'est ni le vent, ni le drapeau, mais c'est l'esprit qui bouge.

Commentaire de Mumon : Le sixième patriarche dit : « Le vent ne bouge pas ; le drapeau ne bouge pas ; c'est l'esprit qui bouge. » Que voulait-il dire ? Si vous comprenez cela clairement, vous verrez que les deux moines qui essayaient d'acheter du fer gagnèrent de l'or. Comme le sixième patriarche ne supporta pas de voir ces deux têtes de linotte, il fit donc cette affaire.

> *Le vent, le drapeau et l'esprit bougent.*
> *La même compréhension.*
> *Quand la bouche s'ouvre,*
> *Tous ont tort.*

30. Cet esprit même est le Bouddha

Daibai demanda à Baso :
— Qu'est-ce que le Bouddha ?
Baso dit :
— Cet esprit même est le Bouddha.

Commentaire de Mumon : Celui qui comprend totalement cela porte la robe du Bouddha, mange la nourriture du Bouddha, dit les mots du Bouddha, se comporte comme le Bouddha ; il est le Bouddha.

Cette anecdote a cependant donné la maladie du formalisme à plus d'un élève. Celui qui comprend véritablement se lavera la bouche pendant trois jours après avoir prononcé le mot « bouddha », et s'enfuira en se bouchant les oreilles quand il entendra « cet esprit est le Bouddha. »

> *Sous le ciel bleu, dans la lumière éclatante du soleil,*
> *Il n'est nul besoin de chercher.*
> *Demander ce qu'est le Bouddha,*
> *C'est comme cacher le butin dans sa poche et se déclarer innocent.*

31. Joshu fait une enquête

Un moine errant demanda à une vieille femme la route de Taizan, un temple populaire censé donner la sagesse à celui qui y rend le culte. La vieille femme lui dit :
— C'est tout droit.

Quand le moine eut fait quelques pas, elle pensa : « Encore un pratiquant ordinaire. »

Quelqu'un rapporta cet incident à Joshu, qui déclara :
— Attends que je fasse mon enquête.

Le lendemain, il alla voir la vieille femme et lui posa la même question. Elle lui donna la même réponse.

Joshu annonça :
— J'ai sondé cette vieille femme.

Commentaire de Mumon : La vieille femme comprenait comment on dresse un plan de guerre, mais elle ne savait pas que des espions se glissaient derrière sa tente. Le vieux Joshu joua le rôle de l'espion et retourna la situation, mais il n'était pas un général très habile. Tous deux avaient leurs défauts. Maintenant je veux vous demander : quel était le fond de l'enquête de Joshu sur cette vieille femme ?

> *Quand la question est banale,*
> *Le réponse aussi est banale.*
> *Quand la question est du sable dans un bol de riz bouilli,*
> *La réponse est un bâton dans de la boue molle.*

32. Un philosophe interroge le Bouddha

Un philosophe demanda à Bouddha :
— Sans mots, sans absence de mots, me diras-tu la vérité ?
Le Bouddha garda le silence.
Le philosophe s'inclina et remercia le Bouddha, disant :
— Par ta compassion, j'ai dissipé mes illusions et pénétré la vraie voie.
Après le départ du philosophe, Ananda demanda au Bouddha ce qu'il avait atteint.
Le Bouddha répondit :
— La seule ombre du fouet fait galoper un bon cheval.

Commentaire de Mumon : Ananda était le disciple du Bouddha. Malgré cela, son appréciation ne surpassait pas celle des profanes. Je vous le demande à vous, les moines : y a-t-il une différence entre les disciples et les profanes ?

> *Pour marcher sur le fil aiguisé d'un sabre,*
> *Pour courir sur une couche de glace lisse,*
> *Nul n'a besoin de suivre de trace de pas.*
> *Franchis les escarpements avec les mains libres.*

33. Cet esprit n'est pas le Bouddha

Un moine demanda à Baso :
— Qu'est-ce que le Bouddha ?

Baso dit :
— Cet esprit n'est pas le Bouddha.

Commentaire de Mumon : Celui qui comprend cela couronne son étude du Zen.

> *Si tu rencontres un maître d'armes sur la route, tu peux lui donner ton sabre,*
> *Si tu rencontres un poète, tu peux lui offrir ton poème.*
> *Quand tu rencontres des gens, ne dis qu'une partie de ce que tu voudrais dire.*
> *Ne donne jamais tout, tout de suite.*

34. Apprendre n'est pas la voie

Nansen dit :
— L'esprit n'est pas le Bouddha. Apprendre n'est pas la voie.

Commentaire de Mumon : Nansen se faisait vieux et oubliait d'avoir honte. Il avait mauvaise haleine quand il s'expliquait et révélait le scandale de sa propre maison. Cependant, il y en a peu qui apprécient sa bonté.

> *Quand le ciel est clair, le soleil apparaît.*
> *Quand la terre sera sèche, la pluie tombera.*
> *Il ouvrait complètement son cœur, et parlait sans détours,*
> *Mais c'était inutile de parler à des porcs et à du fretin.*

35. Deux âmes

— Seijo, la jeune Chinoise, avait deux âmes, remarqua Goso, l'une qui était chez elle, toujours malade, l'autre qui était à la ville, mariée, avec deux enfants. Laquelle était l'âme véritable ?

Commentaire de Mumon : Celui qui comprend cela saura qu'il est possible de sortir d'une coquille pour entrer dans un autre, comme si l'on s'arrêtait dans une auberge de passage. Mais s'il ne peut le comprendre, lorsque l'heure viendra où ses quatre éléments se sépareront, il sera comme un crabe plongé dans l'eau bouillante, se débattant avec de nombreux bras et jambes. Dans une situation aussi critique, il pourra dire : « Mumon ne m'a pas indiqué où aller », mais il sera alors trop tard.

> *La lune au-dessus des nuages est unique,*
> *Les montagnes et les fleuves au-dessous sont tous différents.*
> *Chacun est heureux dans son unité et sa diversité.*
> *Ceci est un, ceci est deux.*

36. Quand tu rencontres un maître Zen sur la route

Goso dit :
— Quand tu rencontres un maître Zen sur la route, tu ne peux ni lui parler, ni le regarder en silence. Que fais-tu ?

La porte sans porte

Commentaire de Mumon : Dans ce cas, si tu peux lui répondre en profondeur, ta réalisation sera belle, mais si tu ne le peux pas, tu ferais bien de chercher.

> *Quand tu rencontres un maître Zen sur la route,*
> *Fais lui face sans mot ni silence.*
> *Donne-lui un coup de poing*
> *Et l'on t'appellera « Celui qui comprend le Zen ».*

37. Un buffle franchit la clôture

Goso dit « Quand un buffle s'échappe de son enclos et se précipite au bord du ravin, ses cornes, sa tête, ses sabots, tout passe ; mais pourquoi sa queue, elle, ne peut-elle passer ? »

Commentaire de Mumon : Si quelqu'un, à ce moment-là, peut ouvrir un œil et prononcer une parole Zen, il est apte à recevoir les quatre grâces, et non seulement cela, mais il peut aussi sauver tous les êtres sensibles qui lui sont inférieurs. Mais s'il ne peut prononcer cette parole Zen, il doit alors retourner à sa queue.

> *Si le buffle court, il tombera dans le ravin ;*
> *S'il revient, il se retrouvera à la boucherie.*
> *Cette petite queue*
> *Est une chose très étrange.*

38. Un chêne dans le jardin

Un moine demanda à Joshu pourquoi Bodhidharma vint en Chine ;
— Un chêne dans le jardin, dit Joshu.

Commentaire de Mumon : Si l'on voit clairement la réponse de Joshu, il n'y a aucun Shakyamuni Bouddha avant lui, et aucun futur Bouddha après lui.

> *Les mots ne peuvent tout décrire.*
> *Le message du cœur ne peut être délivré dans les mots.*
> *Si quelqu'un entend littéralement les mots, il sera perdu.*
> *S'il tente d'expliquer avec les mots, il n'atteindra pas l'illumination dans cette vie.*

39. Le chemin écarté d'Ummon

Un étudiant Zen dit à Ummon :
— L'éclat du Bouddha illumine l'Univers entier.
Avant qu'il ait fini sa phrase, Ummon demanda :
— Tu récites le poème d'un autre, n'est-ce pas ?
— Oui, répondit l'étudiant.
— Tu as quitté ta voie, dit Ummon.
Par la suite, un autre précepteur, Shishin, demanda à ses élèves :
— A quel moment cet étudiant est-il sorti du chemin ?

Commentaire de Mumon : Si quelqu'un perçoit l'habileté particulière d'Ummon, il saura à quel moment l'étudiant s'est écarté du chemin, et il sera un précepteur de l'homme et des Devas. Sinon, il n'a pas même la perception de lui-même.

> *Quand un poisson rencontre le crochet,*
> *S'il est trop gourmand, il sera pris.*
> *Quand il ouvre la bouche,*
> *Sa vie déjà est perdue,*

40. La cruche d'eau renversée

Hyakujo désirait choisir un moine pour ouvrir un nouveau monastère. Il dit à ses élèves que celui d'entre eux qui répondrait le mieux à une question serait désigné. Il plaça donc une cruche d'eau sur le sol, et demanda :

— Qui peut dire ce que c'est, sans l'appeler par son nom ?

Le moine supérieur dit :

— Personne ne peut dire que c'est une chaussure en bois.

Isan, le moine cuisinier, renversa la cruche du pied et sortit.

Hyakujo sourit et dit :

— Le moine supérieur a perdu.

Et Isan devint le maître du nouveau monastère.

Commentaire de Mumon : Isan était plutôt courageux, mais il ne put échapper à la ruse de Hyakujo. Après tout, il quittait un travail léger pour assumer une lourde charge. Quel besoin avait-il de laisser sa toque confortable pour s'embarquer dans cette galère.

> *Abandonnant les ustensiles de cuisine,*
> *Triomphant d'un grand bavard,*
> *Malgré l'obstacle que son précepteur lui oppose,*
> *Ses pieds renverseront tout, même le Bouddha.*

41. Bodhidharma pacifie l'esprit

Bodhidharma s'assied face au mur. Son futur successeur est debout dans la neige et lui montre son bras endolori.

— Mon esprit n'est pas pacifié, Maître, accorde la paix à mon esprit, pleure-t-il.

— Si tu m'apportes cet esprit, dit Bodhidharma, je le pacifierai pour toi.

— Quand je cherche mon esprit, dit son disciple, je ne peux le trouver.

— C'est donc que ton esprit est déjà en paix, conclut Bodhidharma.

Commentaire de Mumon : Ce vieil Hindou édenté, Bodhidharma, fit des centaines de milles en mer pour venir d'Inde en Chine, comme s'il détenait quelque merveille. On peut dire qu'il soulevait des vagues sans un souffle de vent.

Après plusieurs années en Chine, il n'avait qu'un seul disciple, qui d'ailleurs était difforme, ayant perdu son bras.

Hélas, depuis lors, il n'a eu pour disciples que des têtes sans cervelle.

> *Pourquoi Bodhidharma vint-il en Chine ?*
> *Pendant des années les moines en ont discuté.*
> *Tous les ennuis qui ont suivi*
> *Sont venus de ce précepteur et de son disciple.*

42. La fille sort de méditation

A l'époque du Bouddha Shakyamuni, Manjusri se rendit à l'assemblée des Bouddhas. Quand il arriva là-bas, la conférence était terminée et chaque Bouddha était reparti dans son pays. Seule une fille n'avait pas bougé, toujours en méditation profonde.

Manjusri demanda au Bouddha Shakyamuni :

— Comment fait-elle pour atteindre cet état ? Moi-même je n'y parviens pas.

— Réveille-la du Samadhi et demande-le lui toi-même, dit le Bouddha.

Manjusri tourna trois fois autour de la fille et claqua des doigts. Elle demeura en méditation. Alors, grâce à son pouvoir prodigieux, il la transporta dans des cieux supérieurs et fit de son mieux pour l'appeler, mais en vain.

Le Bouddha Shakyamuni dit :

— Même cent mille Manjusri ne pourraient la troubler ; mais dans une région profonde, quand on a passé mille deux cent millions de pays, se trouve un Bodhisattva, Mo-Myo, semence d'illusion. S'il vient ici, elle s'éveillera.

A peine le Bouddha eut-il fini de parler que le Bodhisattva surgit, s'inclina et lui rendit hommage. Le Bouddha le chargea d'éveiller la fille. Le Bodhisattva s'avança en face d'elle, claqua des doigts. A cet instant, elle sortit de sa méditation profonde.

Commentaire de Mumon : Le vieux Shakyamuni joue un bien pauvre rôle. Je vous pose cette question, à vous les moines : si Manjusri, qui passe pour avoir été le précepteur de sept Bouddhas, ne parvint pas à tirer cette fille de sa méditation, comment se fait-il qu'un Bodhisattva qui n'était qu'un simple débutant, y soit parvenu ?

Si vous comprenez cela intimement, vous pouvez, vous aussi, entrer dans la grande méditation, tout en vivant dans le monde de l'illusion.

> *L'un ne parvint pas à l'éveiller,*
> *l'autre le fit.*
> *Aucun n'est un bon acteur.*
> *L'un porte le masque de dieu, l'autre, celui du diable.*
> *Si les deux avaient échoué, le drame serait encore une comédie.*

43. Le petit bâton de Shuzan

Shuzan tendit son petit bâton et dit :
— Si vous appelez ceci un petit bâton, vous parlez contre la réalité. Si vous ne l'appelez pas ainsi,

vous niez le fait. Alors, quel nom désirez-vous lui donner ?

Commentaire de Mumon : Si vous appelez ceci un petit bâton, vous niez le fait. Cela ne peut s'exprimer ni avec des mots, ni sans les mots. Maintenant dites vite ce que c'est.

> *En tendant le petit bâton,*
> *Il donne un ordre de vie ou de mort.*
> *Le positif et le négatif étant entrelacés,*
> *Même les Bouddhas et les patriarches ne*
> *peuvent échapper à cette attaque.*

44. Le bâton de Basho

Basho dit à son disciple :
— Quand tu auras un bâton, je te le donnerai. Si tu n'as pas de bâton, je te le retirerai.

Commentaire de Mumon : Quand il n'y aura plus de pont au-dessus du ruisseau, le bâton m'aidera. Quand je reviendrai à la maison par une nuit sans lune, le bâton me guidera. Mais si vous appelez ceci un bâton, vous entrerez en enfer avec la rapidité d'une flèche.

> *Avec ce bâton à la main,*
> *Je peux mesurer les profondeurs et les hauts-*
> *fonds de ce monde.*
> *Le bâton soutient les cieux et affermit la*
> *terre.*
> *Partout où il ira, l'enseignement vrai sera*
> *diffusé.*

45. Qui est-il ?

Hoen a dit :
— Les Bouddhas d'hier et de demain, tous sont ses serviteurs. Qui est-il ?

Commentaire de Mumon : Si vous réalisez clairement qui il est, c'est comme si vous rencontriez votre propre père dans une rue animée : vous n'avez nul besoin de demander à quiconque si vous l'avez bien reconnu ou non.

> *Ne combattez pas avec l'arc et la flèche d'un autre.*
> *Ne montez pas le cheval d'un autre.*
> *Ne discutez pas les fautes d'un autre.*
> *Ne vous mêlez pas du travail d'un autre.*

46. Continuer au-delà du sommet du mât

Sekiso demanda :
— Comment peut-on continuer lorsqu'on est en haut d'un mât de cent pieds ?
Un autre précepteur Zen dit :
— Celui qui est assis au sommet du mât de cent pieds a atteint une certaine hauteur, mais il ne manie pas encore le Zen librement. Il devrait continuer à avancer et apparaître avec tout son corps dans les dix parties du monde.

Commentaire de Mumon : Lorsqu'on est en haut du mât, on peut continuer à progresser ou faire tourner son corps aisément autour du faîte. Dans tous les cas, il faut respecter celui qui le fait. Mais je tiens tout de même à vous poser cette question, à vous les moines : Comment continuerez-vous à partir du haut du mât ? Cherchez.

> *Celui auquel manque le troisième œil de la vision intérieure.*
> *En restera à la mesure de cent pieds.*
> *Un tel homme sautera de là et se tuera,*
> *Comme un aveugle égarant d'autres aveugles.*

47. Les trois portes de Tosotsu

Tosotsu élabora trois barrières que les moines devaient franchir. La première barrière est l'étude du Zen. Dans l'étude du Zen le but est de voir sa propre nature. Alors, où est ta vraie nature ?

Deuxièmement, celui qui réalise sa vraie nature sera libre de la naissance et de la mort. Maintenant, quand tu éteins la lumière de tes yeux, devenant un cadavre, comment peux-tu te libérer ?

Troisièmement, si tu te libères de la vie et de la mort, tu dois savoir où tu es. Maintenant, ton corps se sépare en quatre éléments. Où es-tu ?

Commentaire de Mumon : Quiconque peut passer ces trois barrières sera un maître où qu'il soit. Tout ce qui lui arrivera, il le transformera en Zen.

S'il ne passe pas les trois barrières, il vivra d'une nourriture pauvre, insuffisante même, pour le satisfaire.

Une réalisation instantanée embrasse le temps infini.
Le temps infini est comme un seul moment.
Celui qui comprend le moment infini
Découvre celui qui voit.

48. Le chemin de Kembo

Un élève demanda à Kembo :
— Tous les Bouddhas des dix parties du monde de l'univers empruntent le chemin unique du Nirvana. Où ce chemin commence-t-il ?
Kembo dit, en levant sa canne et en dessinant le chiffre un dans l'air :
— Le voici.
L'élève alla voir Ummon et lui posa la même question. Ummon, qui se trouvait avoir un éventail à la main, dit :
— Cet éventail atteindra le trente-troisième ciel et frappera le nez de la déité qui le préside. Tout comme la Carpe Dragon de la Mer de l'Est crève le nuage chargé de pluie avec sa queue.

Commentaire de Mumon : L'un des maîtres entre dans les profondeurs de la mer, griffe la terre et soulève la poussière. L'autre monte au sommet de la montagne et lève des vagues qui touchent presque au ciel. L'un tient bon, l'autre lâche. Chacun soutient l'enseignement profond avec une seule main. Kembo et Ummon sont comme deux cavaliers dont aucun ne peut surpasser l'autre. Il est très difficile de trouver l'homme parfait. Franchement, aucun des deux ne sait où le chemin commence.

> *Avant que le premier pas ne soit fait, le but est atteint,*
> *Avant que la langue n'ait remué, le discours est fini.*
> *Il faut plus qu'une intuition lumineuse*
> *Pour trouver l'origine du chemin juste.*

49. Le supplément d'Amban

Amban, un étudiant profane du Zen, a dit :
— Mumon vient de publier quarante-huit koans dans un livre appelé « La Porte Sans Porte », dans lequel il critique les paroles et les actions des vieux patriarches. Je pense que Mumon est très pernicieux : il ressemble à un vieux vendeur de beignets qui tente d'agripper le passant pour les lui faire ingurgiter de force. Celui-ci ne pouvant ni les avaler ni les recracher, souffre. Mumon a assez tourmenté les gens comme ça. Je crois donc qu'il est de mon devoir d'ajouter une histoire en prime, et je me demande s'il pourra l'avaler. Si oui, et s'il la digère bien, ce sera parfait ; sinon, il faudra la repasser à la poêle avec ses quarante-huit autres et les remettre à cuire. Mumon ! mange avant quiconque :
— Selon un sutra, le Bouddha a dit une fois : « Arrête, arrête. Ne parle pas. La vérité ultime est en dehors même de la pensée. »

Commentaire d'Amban : D'où venait-il, ce soi-disant enseignement ? Comment se fait-il que l'on ne pouvait même pas le penser ? Supposons que quelqu'un en ait parlé, qu'en serait-il advenu ?

Bouddha lui-même fut un grand bavard, et se contredit dans ce sutra. A cause de cela, des gens comme Mumon apparaissent ensuite en Chine, où ils font des beignets inutiles pour tourmenter les autres. que faut-il faire, après tout ? Je vais vous le montrer.

Alors Amban joignit les mains et dit :

— Arrêtez, arrêtez. Ne parlez pas. La vérité ultime est en dehors même de la pensée. Et maintenant, je vais faire un petit cercle avec mon doigt sur ce sutra et j'ajoute que cinq mille autres sutras et la porte sans porte de Vimalakirti sont tous dans ce sutra-là.

> *Si quelqu'un te dit que le feu est la lumière,*
> *N'y prête pas attention.*
> *Quand deux voleurs se rencontrent, ils n'ont pas besoin d'être présentés.*
> *Ils se reconnaissent sans se poser de questions.*

10 TAUREAUX
de Kakuan
Transcrit par Nyogen Senzaki et Paul Reps
Illustré par Tomikichiro Tokuriki

*Traduit de l'anglais par Pierre-André Dujat
et Jean Louis Accarias*

L'illumination à laquelle vise le Zen, sur laquelle le Zen se fonde, vient d'elle-même. Comme la conscience, qui à tel moment n'existe pas, et au moment suivant existe. Mais l'homme physique marche dans l'élément du temps, même quand il marche dans la boue, traînant ses pieds et sa vraie nature.

Donc même le Zen doit transiger et reconnaître les étapes progressives d'une prise de conscience rapprochant l'instant éternel de l'illumination.

Tel est le propos de ce livre. Au douzième siècle, le maître chinois Kakuan dessina les dix taureaux en les fondant sur les dix précédents taureaux taoïstes, et il écrivit les commentaires en vers et en prose qui sont traduits ici. Sa version était du Zen pur, car elle approfondissait les versions précédentes qui s'étaient arrêtées au néant de la huitième image. Cette version est donc devenue une source d'inspiration permanente pour les étudiants et de nombreuses illustrations des taureaux de Kakuan ont été faites à travers les siècles.

Les illustrations reproduites ici sont des interprétations modernes de Tomikichiro Tokuriki, célèbre graveur sur bois de Kyoto, descendant d'une longue lignée d'artistes et propriétaire du salon de thé Darumado (Daruma est le nom chinois de Bodhidharma, le premier patriarche du Zen). Ses gravures de vaches sont aussi délicieuses dans leur simplicité et pleines de signification dans l'intemporel qu'ont pu l'être les images originales de Kakuan.

Les lignes suivantes sont adaptées de la préface de Nyogen Senzaki et de Paul Reps (première édition de leur traduction en anglais.)

Le taureau est le principe éternel de la vie, vérité en action. Les dix taureaux représentent les étapes successives de la réalisation de notre vraie nature.

Cette série est aussi importante aujourd'hui qu'elle l'était à l'époque où Kakuan (1100-1200) la composa à partir d'œuvres précédentes et fit ses peintures du taureau. Huit siècles plus tard, nous faisons ici, en Amérique, un travail similaire afin de conserver au taureau toute sa vigueur. (Là-bas à Kyoto, Tokuriki a fait la même chose.)

Une compréhension du principe créateur transcende tout temps ou lieu. Les dix taureaux sont plus que la poésie, plus que les images. Ils sont une révélation du déploiement spirituel dont on trouve le parallèle dans chaque bible de l'expérience humaine. Puisse le lecteur, comme le patriarche chinois, découvrir les empreintes des pieds de son «moi» potentiel et, portant le bâton de sa quête ainsi que la cruche de vin de son désir vrai, fréquenter la place du marché, et là, illuminer les autres.

1. A la recherche du taureau

> *Dans le pâturage de ce monde, à la recherche du taureau, sans cesse j'écarte les hautes herbes.*
> *En suivant des rivières sans nom, perdu parmi le lacis des sentiers de montagnes lointaines,*
> *Désespéré et épuisé, je ne puis trouver le taureau.*
> *J'entends seulement les grillons grésiller à travers la forêt, dans la nuit.*

Commentaire : Le taureau n'a jamais été égaré. Quel besoin y a-t-il de le rechercher ? Si je ne le trouve pas, c'est uniquement parce que je suis séparé de ma vraie nature. Dans la confusion des sens, je perds même ses traces. Loin de chez moi, je vois de nombreuses routes se croiser, mais laquelle est la bonne, je ne sais. L'avidité et la crainte, le bien et le mal, me troublent.

2. Découvrir les empreintes

> *Le long de la rive sous les arbres, je découvre des empreintes !*
> *Même sous l'herbe odorante je vois ses empreintes.*
> *Au fond des montagnes retirées on les trouve.*
> *On ne peut pas plus cacher ces traces que son nez, le regard tourné vers le ciel.*

Commentaire : En comprenant l'enseignement, je vois les empreintes du taureau. J'apprends alors ceci : de même que de nombreux ustensiles sont faits d'un métal unique, des myriades d'entités sont faites du tissu du « moi ». A moins de les discerner, comment percevrais-je le vrai du non-vrai ? N'ayant pas encore franchi la porte, j'ai néanmoins reconnu le sentier.

二 見跡

3. Percevoir le taureau

J'entends la chanson du rossignol.
Le soleil est chaud, le vent est doux, les saules sont verts le long de la plage.
Aucun taureau ne peut ici se cacher!
Quel artiste peut dessiner cette tête massive, ces cornes majestueuses?

Commentaire: Quand on entend la voix, on peut sentir intuitivement sa source. Dès que les six sens fusionnent, on a franchi la porte. Quelle que soit la porte d'entrée, on voit la tête du taureau! Cette unité est celle du sel dans l'eau, de la couleur dans un matériau teint. La moindre parcelle n'est pas séparée du «soi».

三
見
牛

4. Saisir le taureau

Je le saisis dans une lutte terrible.
Sa forte volonté et sa puissance sont inépuisables.
Il s'élance vers le haut-plateau loin au-dessus du brouillard,
Ou il se dresse dans un ravin impénétrable.

Commentaire: Il habita longtemps la forêt, mais je l'ai attrapé aujourd'hui ! Son engouement pour les paysages détermine sa direction. Désirant une herbe plus tendre, il vagabonde loin. Son esprit est encore buté et sans bride. Si je désire qu'il se soumette, je dois lever mon fouet.

5. Domestiquer le taureau

Le fouet et la corde sont nécessaires,
Autrement il pourrait s'écarter sur quelque
route poussiéreuse.
Bien dressé, il devient naturellement doux.
Alors, sans entraves, il obéit à son maître.

Commentaire: Quand une pensée survient, une autre pensée la suit. Quand la première pensée surgit de l'illumination, toutes les pensées suivantes sont vraies. A travers l'illusion, on rend toute chose fausse. L'illusion n'est pas causée par l'objectivité ; elle est le résultat de la subjectivité. Tenez l'anneau du nez serré, et n'admettez pas même un doute.

6. Le retour sur le dos du taureau

> *Sur le dos du taureau, lentement je retourne à la maison.*
> *Le chant de ma flûte vibre dans le soir.*
> *Je dirige le rythme sans fin avec mes doigts en battant la cadence de l'harmonie palpitante.*
> *Quiconque entendra cette mélodie me rejoindra.*

Commentaire : Cette lutte-là est terminée ; gain et perte s'équivalent. Je chante la chanson du bûcheron du village, je joue les airs des enfants. Sur le dos du taureau, j'observe les nuages là-haut. Je monte toujours, qu'importe celui qui souhaite peut-être me faire revenir.

六 騎牛歸家

7. Le taureau transcendé

Sur le dos du taureau, je suis de retour à la maison.
Je suis serein. Le taureau lui aussi peut se reposer.
L'aurore est venue. Dans ce doux repos,
Dans ma chaumière, j'ai abandonné le fouet et la corde.

Commentaire: Tout est une seule loi, pas deux. Nous faisons seulement un sujet temporaire du taureau. C'est comme la relation entre le lapin et le collet, entre le poisson et le filet. Comme l'or et les scories, ou la lune émergeant d'un nuage. Un sentier de claire lumière voyage à travers le temps sans fin.

8. Le taureau et le « moi » sont tous deux transcendés

Le fouet, la corde, la personne, et le taureau — tous fusionnent dans le Rien.
Ce ciel est si vaste qu'aucun message ne peut le ternir.
Comment un flocon de neige peut-il exister dans un feu furieux ?
Là se trouvent les empreintes des patriarches.

Commentaire : La médiocrité a disparu. L'esprit est clair de toutes limitations. Je ne cherche aucun état d'illumination. Ni ne demeure où nulle illumination n'existe. Ne m'attardant dans aucune situation, les yeux ne peuvent me voir. Si des centaines d'oiseaux jonchaient de fleurs mon chemin, un tel hommage n'aurait aucune signification.

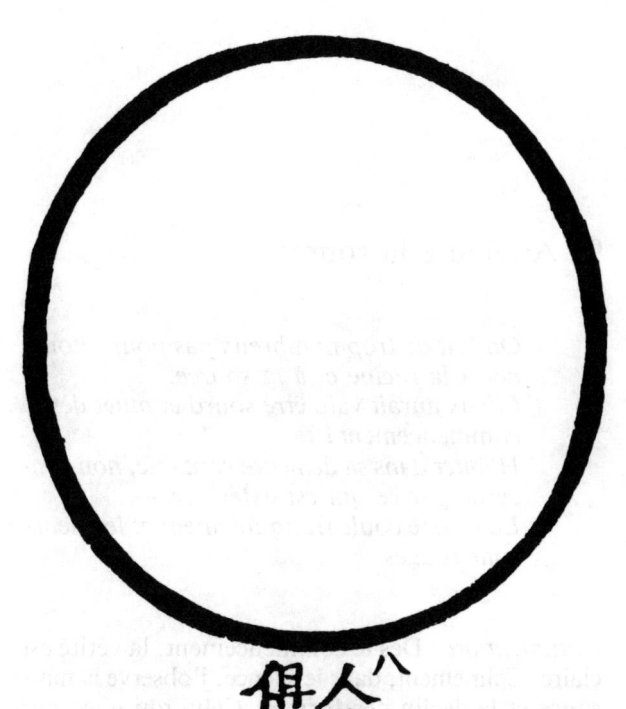

八 人牛俱忘

9. Atteindre la source

> *On fait de trop nombreux pas pour retourner à la racine et à la source.*
> *Mieux aurait valu être sourd et muet dès le commencement!*
> *Habiter dans sa demeure véritable, non concerné par ce qui est extérieur —*
> *La rivière coule tranquillement et les fleurs sont rouges.*

Commentaire: Dès le commencement, la vérité est claire. Calmement, dans le silence, j'observe la naissance et le déclin des formes. Celui qui n'est pas attaché à la «forme», n'a pas besoin d'être «reformé». L'eau *est* émeraude, la montagne *est* indigo, et je vois cela qui crée, et cela qui détruit.

返本還源 九

10. Dans le monde

Pieds nus et poitrine nue, je me mêle aux gens de ce monde.
Mon vêtement est en haillons, il est couvert de poussière, et je suis bienheureux à jamais.
Je n'use pas de magie pour allonger ma vie ;
Maintenant, devant moi, les arbres morts deviennent vivants.

Commentaire : Ma porte fermée, un millier de sages ne me connaissent pas. La beauté de mon jardin est invisible. Pourquoi devrait-on partir à la recherche des patriarches ? Je vais sur la place du marché avec ma bouteille de vin, et m'en retourne à la maison avec mon bâton. Je visite le marchand de vin, le marché, et celui que je regarde devient illuminé.

十　入鄽垂手

昭和辛卯夏　富吉郎画並刻摺

L'ATTEINTE DU CENTRE

112 méditations
Transcrit par Paul Reps

Traduit de l'anglais par Pierre-André Dujat
et Jean-Louis Accarias

Le Zen n'est en rien nouveau, il n'est vieux en rien non plus. Comme le livre présent le montre, la quête existait en Inde longtemps avant que le Bouddha ne soit né.

Longtemps après que l'homme aura oublié des mots tels que «Zen» et «Bouddha», «satori» et «koan», «Chine» et «Japon» et «Amérique» — la quête continuera encore, et encore le Zen sera-t-il vu même dans les fleurs et dans les brins d'herbes devant le soleil.

Ce qui suit est une adaptation de la préface à la première version anglaise de cette œuvre ancienne.

Alors que je me promenais en admirant la beauté ineffable du Cachemire, je parvins à l'ermitage de Lakshmanjoo qui dominait Shrinagar.

Il domine de vertes rizières, les jardins de Shalimar et de Nishat Bagh, les lacs frangés de lotus. L'eau ruisselle du haut d'une montagne.

Là, Lakshmanjoo me souhaite la bienvenue; il est de haute taille, harmonieux, lumineux. Il me fait partager cet ancien enseignement du Vigyan Bhairava et des Sochanda Tantra, qui furent écrits tous deux il y a environ quatre mille ans, et des Malini Vijaya Tantra qui sont encore plus anciens de mille ans. C'est un enseignement ancien qui a été copié et recopié un nombre incalculable de fois, dont Lakshmanjoo a commencé une version en anglais. Je le transcris onze fois de plus pour lui donner la forme que vous trouverez ici.

Ce fut Shiva le premier qui le chanta à son épouse Devi, dans un langage d'amour que nous devons encore apprendre. Il concerne l'expérience immanente, et présente les 112 voies qui ouvrent la porte invisible de la conscience. Je sais que Lakshmanjoo donne sa vie à la pratique de cet enseignement.

Certaines de ces voies peuvent paraître redondantes : cependant chacune est différente des autres. Certaines peuvent sembler simples, mais chacune demande que l'on s'y consacre en permanence, même pour un essai.

Les automates, ceux qui plongent entre les récifs, les danseurs, les athlètes atteignent l'équilibre. Tout comme la recherche du centre ou de l'équilibre, la *vigilance* intérieure accroît le champ de l'habileté. Pour le vérifier, essayez de vous tenir debout en répartissant également votre poids sur vos deux pieds. Puis imaginez que vous faites passer votre centre de gravité d'un pied à l'autre : lorsque l'équilibre trouve son centre, vous le trouvez aussi.

Si nous sommes conscients en partie, cela implique une conscience plus globale. Avez-vous une main ? Oui. Et cette main, vous la connaissez, cela ne fait pas de doute. Mais avant de vous poser la question, connaissiez-vous cette main en tant que membre *séparé* ?

Il est sûr que des hommes, des inspirateurs, connus ou inconnus aux yeux du monde, ont en commun d'avoir partagé une découverte *non-commune*. Le *Tao* de Lao-Tseu, le *Nirvana* de Bouddha, le *Jehova* de Moïse, le *Père* de Jésus, le *Allah* de Mohammed —tous, ils témoignent de l'expérience.

Néant*, esprit : une fois atteints, la vie entière s'éclaire.

---
*En anglais : No-thing-ness (n.d.t)

L'atteinte du centre

DEVI dit :

> *Shiva, quelle est ta réalité ?*
> *Quel est cet univers plein de merveilles ?*
> *De quoi est fait la graine ?*
> *Qui centre la roue universelle ?*
> *Quelle est cette vie au-delà de la forme pénétrant toutes les formes ?*
> *Comment pouvons-nous y entrer en plénitude, par-delà l'espace et le temps, les noms et les descriptions ?*
> *Fais que mes doutes s'éclaircissent !*

SHIVA répond :

(Bien qu'elle soit déjà illuminée, Devi a posé les questions précédentes pour que d'autres à travers l'univers puissent recevoir les instructions de Shiva. Suivez maintenant la réponse de Shiva qui donne les 112 voies).

1. Toi qui es rayonnante, cette expérience peut naître entre deux souffles. Après l'inspiration (en bas), et juste avant l'expiration (en haut) — le *bienfait*.

2. Lorsque le souffle s'inverse et remonte, et à nouveau lorsque le souffle s'infléchit du haut vers le bas — à travers ces deux mouvements, *prends conscience*.

3. Ou, dès que l'inspiration et l'expiration fusionnent, à cet instant atteins le *centre* plein d'énergie sans énergie.

4. Ou, quand le souffle est complètement expiré (en haut), et s'est arrêté de lui-même, ou complètement inspiré (en bas) et s'est arrêté — dans cette pause universelle, le petit « moi » *disparaît*. Ceci n'est difficile que pour l'impur.

5. Considère ton essence comme des rayons de lumière qui s'élèvent de centre en centre le long de la colonne vertébrale, et s'élève ainsi *ce qui est vivant* en toi.

6. Ou, dans les intervalles, ressens ceci comme *l'éclair*.

7. Devi, imagine les lettres sanskrites dans ces foyers de vigilance emplis de miel, d'abord en tant que lettres, puis de manière plus subtile en tant que sons, ensuite en tant que sensation la plus fine. Puis, les laissant de côté, sois *libre*.

8. En centrant l'attention entre les sourcils, laisse le mental être avant (devant) la pensée. Laisse la forme s'emplir de l'essence du souffle jusqu'au sommet de la tête, et là, *inonde-toi de lumière*.

9. Ou, imagine que les cercles aux cinq couleurs de la roue du paon soient tes cinq sens dans l'espace illimité. Maintenant, laisse leur beauté se fondre ensemble. De même pour n'importe quel point de

L'atteinte du centre

l'espace ou d'un mur jusqu'à ce que le point se *dissolve*. Alors ton désir pour un autre devient vrai.

10. Les yeux clos, vois ton être intérieur en détail. Ainsi, *vois* ta vraie nature.

11. Place toute ton attention dans le nerf — aussi délicat que le fil du lotus — au centre de ta colonne spinale. En cela, *sois transformé*.

12. Ferme les sept ouvertures de la tête avec tes mains : tu vois un espace entre les yeux, *incluant tout*.

13. Touchant telle une plume les globes oculaires, la lumière entre eux *s'épanouit dans le cœur* et là, pénètre le cosmos.

14. Baigne-toi dans le centre du son, comme dans le son continu d'une cascade. Ou, en mettant tes doigts dans tes oreilles, entends le *son des sons*.

15. Entonne un son, comme a-u-m, lentement. Tu entres avec le son dans la plénitude.

16. Dans le commencement et dans l'affinement progressif du son d'une lettre, *éveille-toi*.

17. Quand tu écoutes des instruments à cordes, entends leur son central et composite ; ainsi, l'*omniprésence*.

18. Entonne un son de façon audible, puis de façon de moins en moins audible, au fur et à mesure de ta sensation dans *cette harmonie silencieuse*.

19. Imagine l'esprit simultanément en toi et autour de toi jusqu'à ce que l'Univers tout entier *devienne esprit*.

20. Douce Devi, entre dans la présence éthérée qui se répand loin au-dessus et au-dessous de ta forme.

21. Considère tout espace de ta forme présente comme l'*espace illimité*.

22. Rends les fibres du mental d'une finesse ineffable au-dessus, au-dessous et *dans ton cœur*.

23. Sens ta substance, tes os, ta chair, ton sang, pénétrés d'*essence cosmique*.

24. Suppose que ta forme passive est une pièce vide avec des murs de peau — *vide*.

25. Toi qui es bénie, comme les sens sont absorbés dans le cœur, atteins le *centre* du lotus.

26. L'esprit sans pensée, reste au milieu — *jusqu'à*.

27. Quand tu es dans l'activité du monde, demeure attentive à « l'entre-deux-souffles » et, par cette pratique, *renais* en quelques jours, *neuve*. (Lakshmanjoo dit que c'est sa favorite.)

28. Concentre-toi sur l'embrasement de ta forme à travers le feu qui l'enflamme des orteils au sommet de la tête jusqu'à ce que le corps soit réduit en cendres, *mais pas toi*.

29. Médite sur le monde illusoire, vois-le se réduire en cendres et deviens l'*être au-dessus de l'humain*.

30. Sens les subtiles qualités de la créativité se diffuser dans tes seins où elle révèle de *délicates configurations*.

31. Comme la respiration impalpable au centre du front gagne le cœur au moment du sommeil, maîtrise tes rêves et *la mort elle-même*.

32. Comme — subjectivement — les lettres affluent dans les mots et les mots dans les phrases, et comme — objectivement — les cercles affluent dans les mondes et les mondes dans des principes, découvre à la fin que tous convergent *dans notre être*.

33. O toi qui es gracieuse, joue. Cet univers est une coquille vide dans laquelle ton mental gambade *infiniment*.

34. Regarde au-dessus d'un bol sans voir les parois ou la matière. En quelques instants, *deviens conscient*.

35. Séjourne en un endroit d'*espace infini*, dépourvu d'arbres, de collines, d'habitations. Alors survient la fin des *pressions mentales*.

36. Toi qui es la douceur du cœur, médite sur le savoir et sur le non-savoir, l'existence et la non-existence. Puis laisse-les de côté, et *sois*.

37. Regarde quelque objet avec amour. Ne te

détourne pas vers un autre objet. Ici, au centre de cet objet — *la béatitude*.

38. Sens le cosmos comme une *présence translucide à jamais vivante*.

39. Avec une dévotion extrême, centre-toi sur les deux jonctions du souffle et connais *celui qui connaît*.

40. Considère la plénitude comme étant ton propre *corps de félicité*.

41. Pendant que tu es caressée, douce princesse, pénètre la *caresse* comme vie éternelle.

42. Ferme la porte des sens lorsque tu sens qu'arrive un fourmillement. *Ensuite*.

43. Au début de l'union sexuelle, porte ton attention sur le feu *dès le commencement*, et en continuant ainsi, évite les braises ardentes à la fin.

44. Lorsqu'en une telle étreinte tes sens sont agités comme des feuilles, *pénètre cette agitation*.

45. Même dans le souvenir de l'union, sans l'étreinte, *la transformation*.

46. Dans la joie de voir un ami longtemps absent, *pénètre cette joie*.

47. Quand tu manges ou quand tu bois, deviens le goût de l'aliment ou de la boisson, et *sois empli*.

L'atteinte du centre

48. O toi œil de lotus, douceur du toucher, lorsque tu chantes, lorsque tu vois, lorsque tu goûtes, sois consciente que tu es et découvre l'*éternité*.

49. Dès que la satisfaction est trouvée, dans quelque acte que ce soit, *rends ceci réel*.

50. Lorsque le sommeil n'est pas encore venu et que (pourtant) la vigilance extérieure disparaît, à ce moment-là, l'*être* est révélé. (Lakshmanjoo dit que c'est une autre de ses favorites.)

51. Lorsqu'en été tu vois la clarté sans fin du ciel tout entier, *pénètre cette clarté*.

52. Allonge-toi comme un mort. Reste ainsi, dans ta rage. Ou alors, regarde fixement sans bouger un cil. Ou alors, suce quelque chose et *deviens la succion*.

53. Sans appui pour tes pieds ou pour tes mains, assieds-toi seulement sur le postérieur. Soudain, la sensation du *centre*.

54. Dans une position commode, pénètre progressivement une région entre les aisselles et *entre dans une grande paix*.

55. Vois, *comme si c'était pour la première fois*, une belle personne ou un objet ordinaire.

56. La bouche légèrement entrouverte, garde le mental au milieu de la langue. Ou tandis que le souffle entre silencieusement, sens le son *HH*.

57. Sur un lit ou sur un siège, laisse-toi devenir *sans poids*, au-delà du mental.

58. Dans un véhicule en mouvement, oscillant régulièrement, *éprouve*. Ou, dans un véhicule immobile, en te laissant balancer dans des cercles invisibles qui ralentissent.

59. En regardant simplement dans le ciel bleu au-delà des nuages, *la sérénité*.

60. Shakti, vois tout espace comme s'il était déjà absorbé dans ta propre tête, *dans la brillance*.

61. T'éveillant, dormant, rêvant, connais-toi *lumière*.

62. Dans la pluie par une nuit noire, pénètre cette *obscurité* comme la forme des formes.

63. De même, lorsqu'il n'y a pas de nuit pluvieuse sans lune, ferme les yeux et trouve l'obscurité devant toi. Ouvrant les yeux, *vois l'obscurité*: ainsi les fautes disparaissent-elles à jamais.

64. Juste au moment où tu as l'impulsion de faire quelque chose, *arrête*.

65. Concentre-toi sur le a-u-m sans « a » ni « m ».

66. Entonne silencieusement un mot qui se termine en AH. Alors, dans le HH, sans aucun effort, la *spontanéité*.

L'atteinte du centre

67. Sens que tu te *répands* dans toutes les directions, lointaines-proches.

68. Perce quelque endroit de ta forme gonflée de nectar avec une aiguille, et pénètre en douceur dans *cette douleur*.

69. Ressens : ma pensée, l'égo, les organes internes — *moi*.

70. Les illusions trompent. Les couleurs circonscrivent. Même les choses divisibles sont *indivisibles*.

71. Lorsque vient quelque désir, considère-le. Puis soudain, *quitte-le*.

72. Avant le désir et avant la connaissance, comment puis-je dire que je suis ? Considère cela. Fonds-toi dans *la beauté*.

73. Avec ton entière conscience, dès le tout début du désir, du savoir, *connais*.

74. O Shakti, chaque perception particulière est limitée, disparaissant dans la *toute-puissance*.

75. Dans la vérité, les formes sont non-séparées. Non-séparés sont l'être omniprésent et ta propre forme. Vois chacun comme étant fait de cette *conscience*.

76. Dans des humeurs de désir extrême, sois *non-troublée*.

77. Ce soi-disant univers apparaît comme une fantasmagorie, une imagerie. Pour être heureux, perçois-le comme *tel*.

78. O Bien-Aimée, ne fixe ton attention ni sur le plaisir, ni sur la peine, mais *entre les deux*.

79. Rejette l'attachement pour le corps, en prenant conscience du *« je suis partout. »* Il est plein de joie, celui qui est partout.

80. Objets et désirs existent en moi comme dans les autres. Ainsi, l'acceptant, qu'ils soient *translatés*.

81. L'évaluation des objets et des sujets est la même pour une personne illuminée et pour une personne non-illuminée. La première personne possède une grandeur : elle reste dans l'*humeur subjective*, sans être perdue dans les choses.

82. Eprouve la conscience de chaque personne comme ta propre conscience. Ainsi, laissant de côté toute préoccupation envers l'égo, *deviens chaque être*.

83. Penser nulle chose fera *disparaître les limites* de l'égo.

84. Crois-toi *omniscient, omnipotent, omnipénétrant*.

85. Comme les vagues surgissent de l'eau et les flammes du feu, ainsi les vagues universelles viennent *de nous* (le bhairava).

L'atteinte du centre

86. Fatigue-toi jusqu'à n'en plus pouvoir, et laisse-toi tomber à terre : dans ce laisser-aller, *sois en plénitude*.

87. Suppose que tu sois progressivement privé de force ou de savoir. A l'instant du dénuement, *transcende*.

88. Ecoute tandis que l'ultime enseignement mystique est exposé : les yeux fixes, sans ciller, aussitôt tu deviens *absolument libre*.

89. Ferme tes oreilles par une pression et ton rectum par une contraction, et pénètre *le son des sons*.

90. Sur la margelle d'un puits profond, regarde fixement dans ses profondeurs jusqu'à — *l'émerveillement*.

91. Partout où ton mental erre, vers l'intérieur ou vers l'extérieur, à cet endroit même, *ceci* (la lumière unique de la conscience).

92. Quand tu es vivement conscient à travers un sens particulier, demeure dans la *conscience*.

93. Au moment d'éternuer, dans l'effroi, dans l'anxiété, au-dessus d'un abîme, fuyant un champ de bataille, dans une curiosité extrême, quand tu commences à avoir faim, quand tu n'as plus faim, *sois conscient* — continuellement.

94. Que ton attention se porte en un lieu où tu vois quelque événement passé, et même ta forme,

ayant perdu ses caractéristiques présentes, est *transformée*.

95. Regarde un objet quelconque, puis retire lentement ton regard de lui ; puis retire lentement ton attention de lui. *Alors*.

96. La dévotion *libère*.

97. Sens un objet devant toi. Sens l'absence de tous les autres objets, sauf de celui-ci. Puis laissant de côté l'objet-sensation et l'absence-sensation, *prends conscience*.

98. La pureté des autres enseignements est pour nous comme l'impureté. En réalité ne connais *rien* comme pur ou impur.

99. Cette conscience existe comme chaque être, *et rien d'autre n'existe*.

100. Sois le même à l'égard de l'ami ou de l'étranger, le même dans l'honneur et dans le déshonneur.

101. Quand surgit une humeur contre quelqu'un ou un attachement pour quelqu'un, ne les fixe pas sur la personne en question mais *demeure centré*.

102. Suppose que tu contemples quelque chose au-delà de la perception, au-delà du saisir, au-delà du non-existant, *toi*.

103. Pénètre l'espace, *sans support, éternel, tranquille*.

104. Partout où ton attention se pose, à cet instant précis, *éprouve*.

105. Pénètre le son de ton nom, et à travers ce son, *tous les sons*.

106. J'existe. Ceci est à moi. Ceci est ceci. O Bien-Aimée, même en cela, connais de manière *illimitée*.

107. Cette conscience est l'esprit qui guide chacun. *Sois celle-ci*.

108. Voici une sphère de changement, changement, changement. A travers le changement, *consume le changement*.

109. Comme une poule materne ses poussins, materne des connaissances particulières, des actions particulières, *dans la réalité*.

110. Puisque dans la vérité, le joug et la libération sont relatifs, ces mots ne sont que pour ceux-là, terrifiés par l'univers. Cet univers est un reflet des intellects. De même que les nombreux soleils que tu vois dans l'eau viennent d'un soleil unique, vois ainsi le joug et la libération.

111. Chaque chose est perçue à travers la connaissance. Le «soi», brille dans l'espace à travers la connaissance. Perçois un être unique comme connaissant et connu.

112. Bien-Aimée, à ce moment laisse le mental, la connaissance, le souffle, la forme, *être englobés*.

QU'EST-CE QUE LE ZEN ?

Essayez si vous le désirez. Mais le Zen vient de lui-même. Le vrai Zen se montre dans la vie quotidienne, CONSCIENCE en action. Plus que toute conscience limitée, il ouvre toutes les portes intérieures à notre nature infinie.

Instantanément le mental se libère. Comme il se libère ! Les stratifications du faux Zen éclatent comme une fiction concoctée par les prêtres et les marchands pour colporter leur propre fonds de commerce.

Regardez-le de cette manière, dedans-dehors et dehors-dedans : la CONSCIENCE partout, globale, à travers vous. Alors vous ne pouvez vous empêcher de vivre dans l'humilité, dans l'émerveillement.

— Qu'est-ce que le Zen ?

Une réponse: Inayat Khan raconte l'histoire hindoue d'un poisson qui alla voir une sirène pour lui demander : « J'ai entendu parler de la mer, mais qu'est-ce que la mer ? Où est-elle ? »

La sirène lui expliqua : « Tu vis, tu te meus dans la mer, ton être est dans la mer. La mer est en toi et en dehors de toi, et tu es fait de mer, et tu finiras dans la mer. La mer t'environne comme ton propre être. »

Une autre réponse:

TABLE

AVANT-PROPOS 9

101 Histoires Zen 13

Transcrit par Nyogen Senzaki et Paul Reps

1. Une tasse de thé 19
2. Un diamant sur une route boueuse 19
3. Ah, oui? 21
4. Obéissance 22
5. Aime ouvertement 23
6. Charité sans amour 24
7. Faire-part 25
8. Grandes vagues 25
9. On ne peut voler la lune 26
10. Le dernier poème d'Hoshin 27
11. L'histoire de Shunkai 28
12. Le Chinois heureux 30
13. Un Bouddha 31
14. Sur une route boueuse 32
15. Shoun et sa mère 32
16. Non loin de la bouddhéité 34
17. Un enseignement peu clair 35
18. Parabole 37
19. Le premier principe 37
20. Les conseils d'une mère 38

21. Le son d'une seule main 39
22. Mon cœur brûle comme du feu 40
23. La mort d'Eshun 41
24. En récitant des sutras 42
25. Trois jours encore 42
26. Dialogue pour négocier le logement 43
27. La voix du bonheur 45
28. Où se cache votre trésor 45
29. Plus d'eau, plus de lune 46
30. Carte de visite 46
31. Le meilleur morceau 47
32. Le moindre instant est un joyau inestimable 47
33. La main de Mokusen 48
34. Un sourire dans une vie 48
35. Le Zen de l'instant 49
36. Une pluie de fleurs 49
37. La publication des sutras 50
38. L'œuvre de Gisho 51
39. La sieste 52
40. Au pays des songes 53
41. Le Zen de Joshu 53
42. La réponse du mort 54
43. Le Zen dans la vie d'un mendiant 55
44. Le voleur qui devint disciple 56
45. Bien et mal 56
46. Comment l'herbe et les arbres deviennent illuminés 57
47. Un artiste aimant l'argent 58
48. Une grande précision 59
49. Le Bouddha au nez noir 60
50. La claire réalisation de Ryonen 61
51. Un miso dur à digérer 62
52. Ta lumière peut s'éteindre 63
53. Le donateur devrait être reconnaissant . 63

Table

54. Dernière volonté et testament 64
55. Le maître de thé et l'assassin 65
56. Le véritable chemin 66
57. Les portes du paradis 67
58. L'arrestation du Bouddha en pierre 68
59. Les soldats de l'humanité 69
60. Le tunnel 69
61. Gudo et l'empereur 70
62. Dans les mains du destin 71
63. Tuer 72
64. Kasan en sueur 72
65. Comment vaincre un fantôme 73
66. Les enfants de sa majesté 74
67. Que fais-tu? Que dis-tu? 75
68. Une note de Zen 76
69. Manger la faute 76
70. La chose la plus précieuse du monde .. 77
71. Apprendre à être silencieux 77
72. Le seigneur idiot 78
73. Dix successeurs 78
74. Vraie métamorphose 79
75. Un tempérament 80
76. Un lourd fardeau 80
77. Aucun attachement à la poussière 81
78. Une réelle prospérité 82
79. Encensoir 83
80. Le vrai miracle 84
81. Tais-toi et dors! 85
82. Rien n'existe 85
83. Pas de travail, pas de nourriture 86
84. De vrais amis 87
85. Le moment de mourir 87
86. Le Bouddha vivant et le tonnelier 88
87. Trois sortes de disciples 88
88. Comment écrire un poème chinois 89

89.	Dialogue Zen	89
90.	Le dernier coup	90
91.	Le goût du sabre de Banzo	91
92.	Le Zen à coups de tisonnier	93
93.	Le conteur et le Zen	93
94.	L'excursion de minuit	94
95.	Lettre à un mourant	95
96.	Une goutte d'eau	96
97.	L'enseignement de l'absolu	96
98.	Le refus de tout attachement	97
99.	Le vinaigre de Tosui	98
100.	Le temple silencieux	98
101.	Le Zen du Bouddha	99

La porte sans porte 101

par Ekai, nommé Mu-mon
Transcrit par Nyogen Senzaki et Paul Reps

1.	Le chien de Joshu	109
2.	Le renard de Hyakujo	110
3.	Le doigt de Gutei	113
4.	Un étranger sans barbe	114
5.	Kyogen grimpe à l'arbre	114
6.	Le Bouddha fait tourner une fleur	115
7.	Joshu lave le bol	116
8.	La roue de Keichu	117
9.	Un Bouddha avant l'histoire	118
10.	Seizei seul et pauvre	118
11.	Joshu éprouve un moine en méditation	119
12.	Zuigan s'appelle lui-même « Maître » .	120
13.	Tokusan garde son bol	121
14.	Nansen coupe le chat en deux	122

Table 205

15.	Les trois coups de Tozan	123
16.	Cloches et robes	124
17.	Les trois appels du précepteur de l'empereur	125
18.	Les trois livres de Tozan	126
19.	La vie quotidienne est la voie	127
20.	L'homme illuminé	128
21.	De la bouse séchée	129
22.	Le signe de prêche de Kashapa	129
23.	Ne pense ni au bien ni au mal	130
24.	Sans mots, sans silence	132
25.	Prêcher du troisième fauteuil	133
26.	Deux moines enroulent le rideau	133
27.	Ce n'est ni l'esprit, ni le Bouddha, ni les choses	134
28.	Souffle la chandelle	135
29.	Ni le vent, ni le drapeau	137
30.	Cet esprit même est le Bouddha	138
31.	Joshu fait une enquête	139
32.	Un philosophe interroge le Bouddha	140
33.	Cet esprit n'est pas le Bouddha	140
34.	Apprendre n'est pas la voie	141
35.	Deux âmes	142
36.	Quand tu rencontres un maître Zen sur la route	142
37.	Un buffle franchit la clôture	143
38.	Un chêne dans le jardin	144
39.	Le chemin écarté d'Ummon	144
40.	La cruche d'eau renversée	145
41.	Bodhidharma pacifie l'esprit	146
42.	La fille sort de méditation	147
43.	Le petit bâton de Shuzan	148
44.	Le bâton de Basho	149
45.	Qui est-il ?	150
46.	Continuer au-delà du sommet du mât	150

47. Les trois portes de Tosotsu 151
48. Le chemin de Kembo 152
49. Le supplément d'Amban 153

10 Taureaux 155

Transcrit par Nyogen Senzaki et Paul Reps

1. A la recherche du taureau 160
2. Découvrir les empreintes 162
3. Percevoir le taureau 164
4. Saisir le taureau 166
5. Domestiquer le taureau 168
6. Le retour sur le dos du taureau 170
7. Le taureau transcendé 172
8. Le taureau et le « moi » sont tous deux transcendés 174
9. Atteindre la source 176
10. Dans le monde 178

L'atteinte du centre 181

112 Méditations

Transcrit par Paul Reps

QU'EST-CE QUE LE ZEN ? 199

« *Espaces libres* »

au format de poche

1. *Éloge du Silence*, de Marc de SMEDT.
2. *L'Érotisme et le Sacré*, de Philippe CAMBY.
3. *L'Aura : Le corps de lumière*, de David TANSLEY.
4. *La mort est une autre naissance*, collectif avec une préface de Marc ORAISON.
5. *La Magie des plantes*, de Jacques BROSSE.
6. *L'Esprit des jeux*, de Marc de SMEDT, Jean-Michel VARENNE et Zéno BIANU.
7. *Sourates*, de Jacques LACARRIÈRE.
8. *Les Ages de la vie*, de Christiane SINGER.
9. *Je m'appelle toi*, de Jacques SALOMÉ.
10. *Henry Thoreau, l'éveillé du Nouveau Monde*, de Gilles FARCET.
11. *Zen et self-control*, de Taisen DESHIMARU.
12. *Les Médecines sacrées*, de Claudine BRELET-RUEFF.
13. *Le Symbolisme du corps humain*, d'Annick de SOUZENELLE.
14. *Vivre mieux et guérir par les couleurs*, d'Andrée SCHLEMMER.
15. *Sur les pas du Bouddha*, de Marc de SMEDT.
16. *La Guerre et les Religions*, de Pierre CRÉPON.
17. *L'Évangile de la colombe*, d'ORIA.
18. *Alexandra David-Néel*, de Jacques BROSSE.
19. *Aux sources de la présence*, de Daniel PONS
20. *Le 7ᵉ Sens ou le corps spirituel*, de Jeanne GUESNÉ.
21. *Teilhard de Chardin et le mystère de la Terre*, de Jean ONIMUS.
22. *36 preuves de l'existence du Diable*, d'André FROSSARD.
23. *Cantique pour Nathanaël*, d'André CHOURAQUI.
24. *Terre sacrée : l'univers sacré des Indiens d'Amérique du Nord*, de Serge BRAMLY.
25. *Le Retour du courage*, de Jean-Louis SERVAN-SCHREIBER.
26. *Arnaud Desjardins ou l'aventure de la sagesse*, de Gilles FARCET.
27. *Le Zen et la Bible*, de J. K. KADOWAKI.
28. *Marie-Madeleine, un amour infini*, de Jacqueline KELEN.
29. *Rêves d'hier et d'aujourd'hui*, de Marie-Louise von FRANZ.
30. *Prophètes d'aujourd'hui*, de Rachel et Jean-Pierre CARTIER.
31. *Merlin l'Enchanteur*, de Jean MARKALE.
32. *L'Art de la concentration*, de Pierre FEUGA.
33. *Contes de la mort*, de Jean MARKALE.
34. *Le Destin du Monde d'après la tradition shivaïte*, d'Alain DANIÉLOU.
35. *Le Christ hébreu*, de Claude TRESMONTANT.
36. *La Femme dans les contes de fées*, de Marie-Louise von FRANZ.
37. *Mélusine ou l'androgyne*, de Jean MARKALE.
38. *La Tentation des Indes*, d'Olivier GERMAIN-THOMAS.
39. *Méditer et agir*, colloques de la Sainte-Baume.
40. *Jésus raconté par le Juif Errant*, d'Edmond FLEG.
41. *Le Zen en chair et en os*, de Paul REPS.

*La reproduction photomécanique de ce livre
et l'impression ont été effectuées
par l'Imprimerie Bussière à Saint-Amand
pour les Éditions Albin Michel*

*Achevé d'imprimer en août 1993.
N° d'édition : 13123. N° d'impression : 1371.
Dépôt légal : septembre 1993.*